MW01027107

Olga Menéndez

ROMPIENDO LAZOS

EDICIONES OBELISCO

Si este libro le ha interesado y desea que lo mantengamos informado sobre nuestras
publicaciones, escríbanos indicándonos qué temas son de su interés (Astrología,
Autoayuda, Ciencias Ocultas, Artes Marciales, Libros Infantiles, Naturismo,
Espiritualidad, Tradición),
y gustosamente lo complaceremos.

Puede consultar nuestro catálogo en http://www.edicionesobelisco.com

Colección Psicología
ROMPIENDO LAZOS
Olga Menéndez

1.ª edición: octubre de 2008

Maquetación: *Mariana Muñoz*
Corrección: *Mª Ángeles Olivera*
Diseño de portada: *Enrique Iborra*

© 2008, Olga Menéndez
© 2008, Ediciones Obelisco, S. L.
(Reservados todos los derechos para la presente edición)

Edita: Ediciones Obelisco, S. L.
Pere IV, 78 (Edif. Pedro IV), 3ª planta, 5ª puerta
08005 Barcelona - España Tel. (93) 309 85 25 - Fax (93) 309 85 23
E-mail: info@edicionesobelisco.com

Paracas, 59 CI275AFA Buenos Aires - Argentina
Tel. (541 - 14) 305 06 33 Fax (541 - 14) 305 78 20

ISBN: 978-84-9777-487-1
Depósito Legal: 33.281-2008

Printed in Spain

Impreso en España en los talleres gráficos
de Romanyà/Valls, S. A., de Capellades (Barcelona)

Para Francisco

A Francisco Allwood por su apoyo incondicional,
gracias al cual, este libro llegó a su publicación.
A Juli Peradejordi por su confianza.
A Carlota Gedovius por hacerme más amable el camino
de la redacción.
A Bob Worthington por ayudarme a darle forma
a este trabajo.
A Ramón Menéndez y Mariònia Molins por leer el manuscrito y
ayudarme con sus comentarios.
A Miguel de la Madrid C. por invitarme a la «escuelita» pues ahí
empezó esta aventura.
A Libertad Reyes por compartir conmigo su conocimiento en
psicología y emociones humanas.
A Isa Puig por invitarme a El Salvador con gran hospitalidad.
A todas las personas que han participado en mis talleres,
compartido su vida conmigo y servido de espejo
para ser un mejor humano.
A mis maestros y guías, quienes, pase lo que pase,
siempre me sostienen.

PRÓLOGO

La aventura de descubrir quiénes somos nos puede llevar por caminos insospechados.

Nos abre a experiencias nunca imaginadas por nuestra mente racional, pero sobretodo nos lleva a experimentar paz y plenitud.

Las fronteras de nuestro yo personal se desvanecen y un anhelo profundo de Totalidad nos inunda, aunque sea por un breve período de tiempo exploramos el infinito, la eternidad, la belleza, el amor sin condiciones, un orden superior que la mente racional no alcanza a ver, sentir, saborear… y en estos momentos todo está bien y en orden.

Para seguir este anhelo de autenticidad que surge de nuestro corazón, necesitamos desarrollar la capacidad de estar presentes, de darnos cuenta de nuestros condicionamientos tanto mentales como emocionales y desarrollar una actitud amorosa y paciente con nosotros mismos y con los demás.

Es un tejido de conciencia que se va elaborando al mismo tiempo que vamos viviendo nuestras vidas, en las tareas de cada día, de la misma manera que un buen plato de comida se prepara a fuego lento.

Este entramado de conciencia se teje en el intento repetido de ser conscientes. Algunos autores hablan de desarrollar el testigo y otros lo definen como el observador.

Es esta parte de nosotros que observa en silencio, sin jui-
cios, con amabilidad hacia nosotros mismos, ésta que se da
cuenta de qué es lo que está ocurriendo en nuestro interior,
ha aprendido a poner nombre a las sensaciones que tenemos, a las emociones que sentimos, a las ideas que pasan
por nuestra mente y a la vez observa la situación exterior
en la que nos encontramos.

Tener este observador despierto es la clave, ya que nos
permite responder en vez de reaccionar a las distintas situaciones de la vida. Responder significa poder escoger la
respuesta que vamos a dar. Reaccionar es activar el circuito
condicionado que se encuentra en nuestro interior como si
se tratara de una grabación en el disco duro del ordenador
y que se dispara automáticamente sin ninguna decisión pre-
via, sin ser conscientes de ello, se dispara inevitablemente.

Un ejemplo sencillo es cuando alguien se nos acerca y
nos trata con agresividad. Si estamos distraídos, si no estamos presentes, si no hay suficiente energía en esta parte que
observa silenciosa y que ha aprendido a no juzgar, es posible que reaccionemos con agresividad, ya que las emociones se contagian con facilidad, pero si estamos presentes seguramente no reaccionaremos a esta agresividad, sino que
daremos una respuesta que nos mantenga equilibrados. El
observador nos permite saborear este espacio de libertad
interior, responder desde nuestro potencial de amor y luz
que ya somos por naturaleza.

Las personas que han alcanzado un cierto nivel de desarrollo espiritual aseguran que en nuestro interior está ya
todo el conocimiento, no un conocimiento aprendido desde
la mente racional, sino de la misma manera que una semilla alberga en su interior todo lo necesario para convertirse
en un gran árbol.

Así pues nuestra labor consiste por una parte, en ser
conscientes de este potencial que ya somos, y por otra, en

deshacernos de los condicionamientos que nos atrapan y nos mantienen cerrados en los mismos pensamientos y emociones recurrentes que nos llevan a repetir y repetir siempre lo mismo.

El trabajo que nos propone Olga en este libro, va en esta dirección.

La práctica es relativamente simple. A través de la técnica de la visualización, podemos trabajar durante 14 días sobre un tema concreto que hayamos elegido. Estamos enviando a través de imágenes, que es el lenguaje del inconsciente, un mensaje que facilita que emerja del fondo lo que está guardado y que atañe al tema elegido. Por ejemplo una persona puede decidir cortar con su agresividad.

He podido acompañar a personas en el contexto de mi consulta privada que han hecho este trabajo y han desarrollado una capacidad de percepción mucho más profunda de zonas en las cuales estaban atrapadas, pero otro factor importante es la liberación de energía retenida que retorna transmutada a nuestro campo energético.

Una de las claves del trabajo es precisamente la liberación de energía densa que no nos permite expresarnos libremente. Esta liberación alimenta la potencia de la capacidad antes mencionada de estar presentes, de darnos cuenta y por lo tanto nos facilita la toma de decisiones desde la autenticidad que somos y no desde los miedos y los condicionamientos adquiridos

Quisiera mencionar a Eckhart Tolle, un explorador de la conciencia humana, que en estos últimos años ha dibujado una hoja de ruta para explorar nuestra auténtica esencia, sobretodo por la descripción que hace del «cuerpo dolor».

«[...] Mientras no seas capaz de acceder al poder del ahora, (dicho en otras palabras, la capacidad de estar presente de la que hablábamos al principio), cada dolor emocional que experimentas deja tras de sí un residuo de sufrimiento que vive en ti. Se mezcla con el dolor del pasado que ya estaba allí, alojándose en tu cuerpo y en tu mente [...] Este dolor acumulado es un campo de energía negativa. Si lo consideras una entidad invisible por derecho propio, te acercas bastante a la verdad [...] El cuerpo dolor es la oscura sombra proyectada por el ego, en realidad teme la luz de tu conciencia. Tiene miedo de que lo descubras. Su supervivencia depende de que sigas identificándote inconscientemente con él, así como de tu miedo inconsciente a afrontar el dolor que habita en ti. Pero si no lo afrontas, si no llevas luz de tu consciencia al dolor, te verás obligado a revivirlo una y otra vez.[1]

Olga habla en su libro continuamente de entidades alimentadas por la inconsciencia colectiva, o sea por la falta de luz que hay en los humanos.

Quisiera señalar aquí una de las frases de mi querido maestro Antonio Blay. Él a menudo en sus cursos nos decía que una habitación a oscuras se torna luminosa simplemente abriendo las ventanas.[2]

En este caso serían las ventanas de la luz de nuestra propia consciencia.

Otro de los aspectos que me parece importante resaltar es que Olga nos ofrece una forma sistemática y ordenada, que tiene un principio y un fin. Está claro que cuando nos adentramos en aspectos de nuestro inconsciente que forman parte del núcleo de nuestro dolor, seguramente tendremos que tener paciencia y repetir el ejercicio más de una vez, para permitir que capas más profundas lleguen a la superficie de nuestra consciencia.

Tengo que señalar por propia experiencia y también por la de otras personas, que «el viaje» no está exento de tramos difíciles de atravesar. Como dice Olga uno nunca

---

1. E. Tolle, *El poder del ahora*, Gaia Ediciones, pág. 58.

2. Antonio Blay, *Ser. Psicología de la autorrealización*, Editorial Índigo.

sabe cómo va a resultar la experiencia de un corte. He visto cómo un corte ha provocado una mayor serenidad en una persona y en otra la ha sumergido en territorios de difícil conducción, que por supuesto aportan luz a zonas que estaban escondidas y muy atrapadas. En todos los casos hay una mayor visión global y un entendimiento emocional de lo que se está trabajando, además como he mencionado antes se libera energía bloqueada.

También quiero resaltar la simplicidad de la técnica en sí, cualquiera puede seguirla, ya que es de fácil ejecución, del mismo modo que la autonomía que nos confiere ya que todos los pasos pueden ser ejecutados por uno mismo.

Otro de los aspectos importantes que resaltaría de este trabajo es observar cómo la energía que moviliza el ejercicio actúa en nuestro campo energético y por lo tanto propicia que se den situaciones de sincronicidad; dicho de otro modo, atraemos hacia nosotros situaciones en las cuales nos encontramos a personas con las que reproducimos nuestros patrones inconscientes. Por ejemplo una persona estaba cortando con su madre y se encontró en una situación conflictiva con una buena amiga que a menudo «la cuidaba como una madre». Esta amiga mostró un comportamiento autoritario y egocéntrico con ella, y estos aspectos reproducían el comportamiento de su madre en numerosas ocasiones. De esta forma ella pudo observar y sentir este conflicto desde una mirada nueva y dar una respuesta de acuerdo con su grado de conciencia actual y no desde su mente condicionada.

Así, descubrimos cómo atraemos situaciones en función de lo que movilizamos en nuestro interior.

Por último quiero compartir con ustedes mi sensación al conocer a Olga. Comparto con ella un anhelo de autenticidad que va más allá de los territorios de la personalidad, comparto con ella el intento repetido de seguir el camino de nuestra propia alma.

Cuando vivimos un encuentro con una persona en el que nos comunicamos de corazón a corazón, sentimos que se abre frente a nosotros un espacio sin espacio que nos colma de gratitud y alegría. Eso es lo que viví con Olga.

Vivimos tiempos en los que todos los esfuerzos que hacemos para vivir desde el corazón y desde la luz que ya somos se ven recompensados más allá de lo que nuestra mente condicionada es capaz de imaginar.

Construir un mundo mejor empieza por uno mismo, comienza por poner paz en nuestro territorio interior y que, de esta forma, se extienda a nuestro alrededor. No hay otra fórmula que funcione mejor. La responsabilidad que tenemos cada uno de nosotros con la vida, se inicia en nuestra propia casa, al mantener limpio nuestro espacio interior para que la luz traspase nuestro sistema energético e ilumine el espacio circundante, a las personas que entran en contacto con nosotros y así puedan anclarse en la tierra.

Tenemos más ayuda que nunca, el universo entero conspira para que lleguemos a la plena expresión de nuestro potencial, para que descubramos nuestra auténtica naturaleza esencial. Estas palabras que leídas sólo son palabras se pueden convertir en una experiencia de un gran poder transformador si seguimos este anhelo íntimo, secreto, que aparece en momentos especiales de seguir un impulso profundo de nuestro corazón.

Mariònia Molins Casamitjana
PSICÓLOGA CLÍNICA

INTRODUCCIÓN

Cuando tenía tres años, murió mi madre; mi padre, un emigrante español, quedó muy joven con tres hijos, por tanto, mi abuela materna decidió hacerse cargo de nosotros. Mi abuela era una mujer inteligente, acomodada económicamente y que pertenecía a un grupo de intelectuales: pintores, escultores y músicos importantes en México.

Crecí rodeada de toda esta gente interesante. Recuerdo que cuando iba Claudio Arrau a México a dar conciertos, ensayaba en casa en el piano de mi abuela. En esa época, era el mejor pianista del mundo. Cuando teníamos visitas, mi abuela me dejaba sentar en el comedor; ella se sentaba en una cabecera y yo en la otra, de manera que yo escuchaba las conversaciones de todos. Cuando llegaban a un punto que mi abuela no quería que escuchara, con los ojos, me ordenaba que me retirara. Al final de la comida, alguien tocaba el piano o el violín o declamaba algún poema; me sentía como si viviera en el salón de una corte. Acompañaba a mi abuela a exposiciones de pintura y escultura; siempre estuve rodeada de arte. Ella tenía una mente muy abierta, alejada de la religión, por lo que nunca nos obligó a ir a la iglesia. Ahora que ya ha pasado el tiempo, me doy cuenta de lo importante que fue este aspecto, pues de alguna forma no me contaminó con ninguna creencia.

Recuerdo que por las noches, cuando mi abuela viajaba, nos juntábamos los tres hermanos en la cocina con las sirvientas y conversábamos de fantasmas y de las cosas raras que nos pasaban, ya que los tres tenemos capacidades psíquicas.

En el jardín había una higuera grande y yo, desde pequeña, me comunicaba con un duende. Pasaron los años, me fui de casa y perdí contacto con él. Cuando murió mi abuela y heredé la casa, se me presentó este ser y me hizo recordar cosas que dejé en mi niñez.

Mi abuela tenía libros de Lobsang Rampa y me prohibía leerlos cuando yo tenía siete u ocho años. La prohibición bastó para que un día, en un descuido de ella, leyera *El tercer ojo*. Me quedé impactada con los viajes astrales y me propuse hacerlos. Así fue como hice mi primer viaje astral. Entonces me di cuenta de todos los planos o dimensiones que existen, desde los más bajos, que se podrían denominar «infiernos», hasta los más altos, donde habitan seres de luz.

A los quince años, después de ver un programa en la televisión acerca de Sai Baba, decidí hablar con mi abuela para que me dejara ir a la India a conocer a este personaje. Se negó rotundamente, pues debía terminar mis estudios. A esas alturas, ya tenía contacto con ángeles, arcángeles y guías; mis amigas en la escuela me pedían ayuda para dejar de fumar o salir bien en algún examen.

A regañadientes, decidí estudiar administración de empresas turísticas, ya que de esta forma se me iba a facilitar viajar y conocer el mundo; más tarde, estudié diseño de moda.

Trabajé algunos años en hoteles, época en la que me di cuenta de que podía leer la baraja española. Todos los empleados me pedían que les dijera su futuro, hasta que un día se enteró el dueño del hotel. Yo, asustada, pensaba que me iba a despedir del trabajo, pero mi sorpresa fue que ¡quería que le echara las cartas!

Es aquí donde conozco, por mediación de mi abuela, al que sería mi pareja en los siguientes quince años. Un hombre treinta años mayor que yo, de mucho mundo, muy carismático y acomodado económicamente. Le llamaba mucho la atención el mundo en el que yo vivía y lo compartía conmigo. Viajamos por todo el mundo y empecé a trabajar estrechamente con mis guías. Éstos me iban indicando qué podía hacer por el planeta en general.

Muchas veces me sentía fuera de lugar y no entendía por qué tenía que ver todas estas cosas; sentía que la gente no me entendía. Entonces, le pedí ayuda a mis guías para que me enseñaran cómo subir mis frecuencias y convertirme en luz para poder irme a otro plano. Me lo enseñaron y, después de algunos años de experimentos, descubrí que lo que me detenía aquí eran todas las cosas que no había resuelto.

Curiosamente, siempre veía a las personas envueltas en madejas de lazos orgánicos: energías estancadas de muy bajas vibraciones causadas por nuestras emociones negativas. En esta época tuve contacto con la técnica de liberación que desarrolló Phyllis Krystal y me aterrorizó pensar que yo también estaba como toda la gente que veía; entonces decidí trabajar para liberar mis propias ataduras, cosa que he hecho hasta la fecha.

Algunos amigos se fueron acercando a mí para que los ayudara, y con esto, poco a poco, descubrí que podía ayudarlos a tomar conciencia y a liberarse.

Al poco tiempo, mi pareja murió y mi vida cambió radicalmente; me quedé muy desconcertada sin saber cómo continuar. Entonces, meses después, decidí hacer el camino de Santiago de Compostela con un grupo en el que conocí a una persona que más tarde me invitaría a Centroamérica para compartir mi experiencia y ayudar a la gente a liberarse de las ataduras.

Así se me abrió el camino para trabajar de forma individual con mucha gente y, tiempo después, con grupos.
Pasaron varios años en los que fui puliendo la información
basada en Phyllis Krystal y aunada a un cúmulo de vivencias y experiencias muy amplias.

A partir de ellas, viajé a varios países de Centroamérica y
di charlas y cursos para estimular a la gente a que trabajara
con su parte emocional.

Básicamente, he comprobado que es un método que no
sólo me ha servido a mí, sino también a un gran número de
personas, que han descubierto que, a través de él, pueden
liberar mucha energía a la cual están vinculadas de forma
negativa, y así vivir de manera más plena y sentirse realizadas. Estas emociones rezagadas y estancadas en nosotros
son las que no nos permiten tener contacto con nuestro ser,
con nuestra parte divina.

El propósito de este libro es introducir al lector en el
mundo sutil y energético que, aunque nuestros ojos no lo
perciben, existe, a estar más en contacto con nuestro cuerpo emocional y poder resolver, de este modo, esos bloqueos
energéticos que muchas veces son la causa de nuestra desdicha, de nuestras enfermedades y, peor aún, de nuestras
múltiples encarnaciones.

La mayoría de los psíquicos y videntes pueden ver el
aura de las personas, a los desencarnados y a los seres de
otras dimensiones; sin embargo, muy pocos tienen la habilidad de ver el cuerpo emocional. Yo veo a la gente dentro
de una madeja de lazos, cadenas, costras, a veces animales
y toda clase de cosas. Al mismo tiempo, puedo percibir en
qué vida pasada han creado este tipo de ataduras.

Esto me llevó a informarme sobre los poderes psíquicos
para tratar de entender por qué tengo estas habilidades.
Por más que investigué y pregunté, nadie podía explicarme
qué eran esas madejas. A veces, me decían que era el ego,

y aunque eso es parcialmente correcto, no era una explicación que me satisficiera.

Con la técnica de Phyllis Krystal, en su libro *Cortando los lazos que nos atan*, hallé respuesta a las preguntas sobre todas esas ataduras, energías discordantes y densas.

Krystal enfoca este trabajo desde la parte psicológica y yo lo hago desde la perspectiva psíquica, ayudándome con mi herramienta de videncia para dar una explicación convincente de por qué vivimos las situaciones que vivimos, en qué momento (en qué vida anterior) nos atamos, y por qué creamos ataduras en diferentes partes del cuerpo.

Lo principal es mostrar al lector toda la «basura» emocional con la que cargamos, darle una idea de su origen y, lo más importante, mostrarle una metodología eficaz para poder liberarla.

El planeta Tierra es una escuela a la que venimos a aprender, a resolver conflictos emocionales conscientemente y con amor, y éste es el objetivo del libro: tomar conciencia y ganar entendimiento para, así, pasar la prueba, en lugar de seguir repitiendo una y otra vez, vida tras vida, los mismos patrones.

Llevo casi nueve años trabajando con esta técnica y he ayudado a más de tres mil personas en diferentes países a resolver sus telarañas emocionales, y tanto ellas como yo hemos visto resultados sorprendentes, vidas transformadas, adicciones resueltas, relaciones arregladas, etcétera.

Cada vez veo más interés por parte de la gente por encontrar una técnica relativamente rápida y efectiva para resolver sus problemas emocionales y, debido a ello, me atrevo a compartir por escrito mis hallazgos y experiencias.

Espero y deseo que este libro sea de ayuda para toda persona que lo lea, y también que se convierta en un camino hacia su liberación emocional.

Capítulo 1

Diferentes cuerpos del ser humano

La gran mayoría de nosotros pensamos que solamente tenemos el cuerpo que vemos y podemos tocar; sin embargo, en total tenemos siete cuerpos reconocidos. Somos seres interdimensionales, constituidos por cuerpos, cada uno de los cuales está en diferentes dimensiones. La razón por la que la mayoría de los humanos sólo puede percibir el cuerpo físico, que está en la tercera dimensión, es porque nuestro cerebro está condicionado a verlo solamente a él.

Cuando alguien es clarividente, es decir, que puede percibir otras dimensiones, lo que hace es subir sus frecuencias vibratorias para tener acceso a otros cuerpos.

Nosotros vamos cargando toda nuestra información en estos cuerpos: quiénes somos, qué pensamos, qué sentimos, quiénes hemos sido; para alguien que sabe leer la energía, somos un libro abierto.

De esos siete cuerpos existentes, cuatro de ellos son los llamados cuerpos inferiores, los cuales nos sirven para movernos en esta dimensión.

Al conocerlos entenderemos la relación que existe con nuestro entorno y bienestar.

El cuerpo físico

Desde la prehistoria, el ser humano se centró más en la tercera dimensión por razones de supervivencia, ya que vivía constantemente en peligro de ser devorado por algún animal feroz, y, en consecuencia, no desarrolló su visión para otras dimensiones; por tanto, el cuerpo físico es el único que podemos percibir.

En el mundo occidental, pensamos que dominamos completamente el cuerpo físico, pero la verdad es que ejercemos muy poco control sobre él. Por el contrario, en países como la India, hay personas que tienen la facultad de aumentar la temperatura o la presión sanguínea en la mitad del cuerpo, y de reducirla en la mitad restante; aprenden a dominar el aliento, hasta el punto de suspenderlo durante un período considerable de tiempo, así como los latidos del corazón, de manera que disminuyen o aceleran la circulación. Para los occidentales, esto es increíble.

La mayoría de las personas prestan muy poca atención a lo que pasa en su cuerpo físico y al efecto que tiene lo que comen y piensan sobre su desarrollo. Este cuerpo cambia completamente cada siete años; en pocas palabras, cada siete años tenemos un cuerpo nuevo, así que, si cambiamos nuestra alimentación y estado emocional, podemos mejorar sustancialmente su composición.

Nuestro sistema nervioso, nuestros músculos y nuestras células tienen memoria, por tanto, seguimos generando los mismos defectos físicos, y cualquier cosa que nos haya ocurrido, aun en el vientre de nuestra madre o en vidas pasadas, está grabada de manera permanente en nuestra fisiología. Mientras no cambiemos nuestra forma de alimentarnos para que resulte más sana o nutritiva y conscientemente liberemos los bloqueos emocionales o energéticos, estos registros garantizarán que ciertos rasgos indeseables se sigan repitiendo.

Thérèse Bertherat hace un estudio muy interesante en su libro *El cuerpo tiene sus razones*[1], y nos dice que todo, absolutamente todo lo que vivimos y sentimos, está grabado en este cuerpo; incluso las arrugas de la cara nos pueden ir contando la historia de lo que hemos vivido.

Éste es el único cuerpo que muere.

El doble etérico

Este cuerpo es un duplicado perfecto del cuerpo físico. Cualquiera puede observarlo si pone a una persona recargada en una pared blanca y desenfoca la vista: se ve una tenue silueta de luz alrededor del cuerpo físico y mide unos dos centímetros; su color varía del blanco al gris, pasando por el azul.

La función de este cuerpo es dar vitalidad o electricidad al cuerpo físico por medio del sistema nervioso; responde a todos los tratamientos alternativos como el reiki, la homeopatía, la energía universal, etcétera.

Este cuerpo lo usan los psíquicos llamados mediums o mediadores, los cuales sacan la mitad del cuerpo etérico para que pueda entrar la entidad que van a canalizar. No pueden separarlo completamente porque eso causaría la muerte, e incluso una separación parcial imbuye al cuerpo físico en un estado de letargo, de modo que casi se suspende la actividad vital. Estudios científicos han comprobado que estos psíquicos, cuando están canalizando, entran en estado Delta, esto es, un estado de sueño profundo.

Cuando hago curaciones etéricas, generalmente veo «agujeros» en este cuerpo; eso significa que se está fugan-

---

1.   Bertherat, Thérèse, *El cuerpo tiene sus razones*, Editorial Paidós, México, 1976.

do la energía y, por tanto, esa persona está constantemente agotada.

Cuando llega la muerte, éste es el primer cuerpo en separarse del físico, pues es imposible que continúe su funcionamiento, de modo que se suspende el aliento de vida. Generalmente, se le puede ver no muy lejos del cadáver manifestándose durante pocas horas, mientras esta energía se va extinguiendo.

El cuerpo astral o emocional

El cuerpo astral o emocional bien formado debe ser una copia luminosa del cuerpo físico, con sus *chakras* o vórtices de energía limpios y girando; sin embargo, la mayoría de las personas tiene este cuerpo indefinido, con las texturas toscas y de colores oscuros; cuanto más oscuro es el color, las frecuencias vibratorias son más bajas o densas, muchas veces viscosas, con costras, lazos, cadenas y otras ataduras que crean una madeja sin forma. Este cuerpo es importantísimo, pues es aquí donde se forman las ataduras y los lazos, ya que se graban las emociones del cuerpo físico. Sin embargo, no sólo existen los lazos negativos; también tenemos en este cuerpo los lazos de amor.

Cuando este cuerpo está bien formado, significa que la persona ha alcanzado un buen manejo de sus emociones y, por tanto, cierto desarrollo espiritual; la apariencia del cuerpo astral implica el progreso realizado por su dueño.

La verdadera evolución se mide en este cuerpo, sin importar si se es vegetariano, si se hace yoga, meditaciones, o si se es budista o católico. El manejo de nuestras emociones es lo que va a determinar nuestro nivel de evolución. Recordemos que vivimos en un planeta formado en su mayoría por agua, y nuestro cuerpo también está compuesto por este elemento, lo que significa emociones; por tanto, queda muy claro que lo que venimos a aprender respecto a ellas es cómo manejarlas apropiadamente.

Aquí se graban todas las pasiones y deseos de la persona, y a medida que experimentamos múltiples encarnaciones, vamos plasmando y formando este cuerpo. En mi experiencia nunca he encontrado dos cuerpos astrales parecidos. Cada individuo va creando este cuerpo como si fuera un escultor, con diferentes texturas y colores.

El karma, esa gran incógnita que tanto nos atrae, se crea en este cuerpo, es decir, lazos que nos atan a personas, situaciones, países, y nos hacen reencarnarnos una y otra vez hasta que, con amor y entendimiento o conciencia, los disolvamos. Como no sabemos de la existencia de este cuerpo y mucho menos de los lazos, lo que hacemos, vida tras vida, es atarnos más, en lugar de liberarnos.

El cuerpo astral o emocional es lo que en muchas escuelas esotéricas llaman «el morador del umbral»: nuestra naturaleza más baja, el cuerpo del pecado, es decir, lo que en realidad nos ata a la tierra.

Para poder llegar al estado de iluminación, tenemos que conquistar o transmutar esta energía que es nuestro lado más oscuro, el cual está constituido por emociones no tan nobles.

En realidad, funcionamos como imanes y, cuando no resolvemos alguna situación con otra persona, o algún comportamiento, defecto o adicción, lo que hacemos es atraerlo a nuestra vida, una y otra vez, para resolverlo. Este proceso es una gran oportunidad para saldar nuestras cuentas y poder viajar por la vida con un equipaje más liviano.

Por ejemplo, Ana creció con un padre que tenía problemas con el dinero, era muy tacaño; como ella vio esto desde pequeña, desarrolló una relación similar con el dinero. Cuando creció y buscó pareja, aunque deseaba conscientemente relacionarse con un hombre generoso y abundante, lo que atrajo fue a un hombre tacaño, con lo que repitió el patrón que aprendió en su casa. En este caso, tendría que trabajar el miedo a la falta de dinero.

Otro ejemplo es el hecho de que siempre se nos acerca una persona con gripe, a pesar de que nos molesta estar cerca de alguien así. En este caso, lo que tenemos que resolver es nuestro miedo a la enfermedad.

Todo está compuesto por frecuencias vibratorias, es decir, vivimos en un mundo de energía; la energía vibra, todo tiene una vibración, incluso las cosas sólidas o densas y, de acuerdo con su calidad, lo vamos a atraer a nuestra realidad. A esto también se le llama espejo.

Muy a menudo me pasaba. Cuando me subía a un avión, se sentaba junto a mí una persona enferma de gripe y esto me sacaba de quicio. Lo único que reflejaba era mi miedo a la enfermedad; éste era el problema que tenía que resolver.

Según el dicho «Lo que no puedes ver, en tu casa lo has de tener», los hechos que nos suceden no son castigos ni cruces que tenemos que cargar; son lecciones para aprender.

Aquí nos damos cuenta de que somos cocreadores junto con Dios, pues nosotros mismos creamos nuestro destino; no podemos culpar a nadie de nuestras desgracias o éxitos. Cosechamos exactamente lo que sembramos. Debemos tomar conciencia de lo poderosos que somos y cómo estamos usando ese poder.

Desafortunadamente, nadie nos ha enseñado las verdaderas implicaciones de nuestros estados emocionales y, en lugar de crear nuestros sueños, creamos caos, amargura y vidas insatisfechas.

El cuerpo astral o emocional también tiene otras funciones. Cuando el ser humano duerme, su cuerpo astral se separa del cuerpo físico y deambula por las dimensiones más sutiles; a esto se le llama viaje astral o desdoblarse. Durante estos viajes astrales, este cuerpo se mueve con la rapidez del pensamiento sin causar molestia al cuerpo físico, que sigue durmiendo. A todos nos ha pasado cuando dormimos, que, de repente, sentimos que estamos cayendo en un precipicio y luego despertamos. O cuando soñamos que estamos volando: eso es un viaje astral, y se trata de este cuerpo que regresa al cuerpo físico. Sin embargo, una persona con un poco más de práctica puede emplear este cuerpo a voluntad, es decir, sin estar dormido. Puede salirse de su cuerpo y, con inmensa rapidez, dirigirse a donde desee atravesando paredes y techos. La finalidad es la siguiente: usarlo con conciencia, poder viajar y aprender en otros planos; sin embargo, con tantas ataduras nos resulta difícil viajar a dimensiones más altas.

Por la noche, suelo trabajar con personas para ayudarlas; cuando observo su cuerpo astral, lo veo separado metro y medio flotando por encima del cuerpo físico, como si fuera una maraña de mangueras. En ese estado no nos sirve como vehículo de conciencia.

Cuando tenía siete años de edad, descubrí los viajes astrales en los libros de Lobsang Rampa. Ahora, por las noches, me dedico a buscar personas que ya murieron y las envío a la luz, pues algunas quedan atrapadas cuando mueren. Los muertos o desencarnados usan este cuerpo para manifestarse, cuando se quedan atrapados en el plano físico.

Cuando las funciones del cuerpo astral se vuelven totalmente conscientes, adquieren una habilidad y una experiencia en un mundo mágico que pocos pueden experimentar. A través de este cuerpo, una persona puede percibir los sentimientos de otra o la densidad de un lugar.

Ley de la atracción

La ley de magnetismo o atracción se aplica tanto en el mundo físico como en el mundo de las vibraciones, es decir, esta ley hace que se unan los seres que tienen una vibración parecida. Los pensamientos y sentimientos vibran a cierta frecuencia, se lanzan al exterior y, por atracción, se van uniendo a otros de la misma frecuencia; finalmente, por magnetismo, regresan aumentados a quien las lanzó. Esto viene a ser la ley del karma.

Todas las reservas de miedo, enojo y dolor se encuentran en el cuerpo astral. Vibran y fluyen hacia el exterior como una estación transmisora de radio y este flujo de energía atrae a la persona o a la energía de la misma frecuencia. El miedo atrae al miedo, el dolor atrae al dolor y así sucesivamente. Por esta razón, cuando una persona desea felicidad y éxito, y tiene guardado en su subconsciente dolor y miedo, es muy poco probable que sus deseos se cumplan.

Es importante que limpiemos estas reservas de sentimientos, pues cuando estamos en contacto con otras personas, consciente o inconscientemente, podemos influir en sus campos energéticos. Cuando sufrimos un cambio emocional muy drástico, cuando nos sentimos muy débiles o «drenados» de energía, o cuando nos llegan pensamientos que no tienen nada que ver con nosotros, estamos siendo influenciados por pensamientos o sentimientos que no son los nuestros.

Después de la muerte, se manifiesta de nuevo la importancia que tiene la purificación de este cuerpo, pues de ella dependen las situaciones que viviremos en la siguiente encarnación. Al purificarse los cuerpos después de la muerte, las ataduras no se disuelven, sino que quedan registradas en el cuerpo emocional, como si fueran semillas. Al reencarnarnos de nuevo, todas las ataduras vuelven a germinar para ser liberadas; de este modo, volvemos a retomar las lecciones que dejamos inconclusas en la vida anterior. Así pues, no sólo estamos viviendo en un cuerpo astral, sino que también estamos modelando el que tendremos en otro nacimiento, razón de más para purificar el presente tanto como sea posible.

Cuanto más trabajemos con nuestras emociones, más libre, en paz y feliz será la vida que logremos. La evolución es continua y sin interrupciones, por tanto, seguiremos viviendo nuevos capítulos de esta novela que comenzamos hace mucho tiempo y, cuando estemos cansados de nuestra carga emocional, decidiremos cortar las ataduras de nuestro cautiverio.

El cuerpo mental

Este cuerpo es excesivamente sutil, se manifiesta como mente y lo llaman el aura humana. Su tamaño y actividad aumentan con el crecimiento y el desarrollo del ser humano. Si observas a una persona que, aunque no sea espiritual, ha desarrollado sus facultades mentales, ha educado su intelecto, su aura será de un material delicado y de hermosos colores.

Su forma es oval, semejante a un huevo, y rodea al individuo con una atmósfera radiante. A medida que se desarrolla, se hace más grande; sin embargo, al contrario que el cuerpo astral, donde se quedan plasmadas nuestras emociones, el cuerpo mental cambia constantemente de color dependiendo de nuestros pensamientos. Por la simple y sencilla razón de que rara vez dejamos de pensar, el aura que manifiestas ahora va a ser muy diferente de la que tendrás dentro de tres horas.

Con el desarrollo de nuestros poderes creativos, estamos literalmente construyendo el cuerpo mental. Entonces nos

damos cuenta de que, en cada encarnación, vamos a escoger el tipo de vida de acuerdo con el cuerpo que tengamos
menos desarrollado, es decir, si elegimos ser escritores, es
porque venimos a desarrollar nuestro cuerpo mental, que
es donde está guardado el intelecto, pero si somos actores,
desarrollaremos más el cuerpo emocional, tal vez porque
necesitamos más contacto con nuestras emociones, o nacemos en un país donde podemos expresarlas en mayor
medida. Un pintor o intelectual definitivamente va a tener
más desarrollado este cuerpo porque, con el desarrollo de
nuestros poderes creativos, estamos construyendo el cuerpo mental; en cambio, un atleta desarrolla más su cuerpo
físico.

Nos movemos por el tiempo cambiando solamente de
escenario y ropajes para completar este gran juego de conciencia.

Capítulo 2

Cómo entender las emociones

Cada uno de nosotros vivimos diferentes realidades, aunque estemos en el mismo lugar y haciendo lo mismo. Tenemos nuestros problemas, diferentes experiencias y aprendizajes y, aunque muchas veces sean los mismos, cada individuo lo ve a través de distintos cristales, dependiendo de los bloqueos emocionales que tenga.

El cuerpo físico está compuesto por un 70 por 100 de agua, lo cual, en muchas escuelas esotéricas, significa emoción o, lo que es lo mismo, energía en movimiento.

Si tres cuartas partes de nuestro cuerpo son agua, entonces, nuestra prioridad es trabajar nuestras emociones. Además, nos encontramos en un planeta compuesto, en su mayoría por agua. Esto nos indica que, de acuerdo con este medio ambiente, venimos a trabajar con profundidad nuestras emociones.

El Dr. Masaru Emoto está realizando un trabajo muy interesante con el agua. En los últimos años, los científicos están demostrando muchas cosas nuevas. En su libro *Los mensajes del agua,*[2] se demuestra la influencia que tenemos sobre el agua por medio de fotografías, y su funcionamiento como una esponja que absorbe nuestras vibraciones, palabras y música. Por primera vez, vemos en fotografías el resultado de cómo actúa nuestra intención.

Las frecuencias vibratorias

Según varios científicos, está aumentando la frecuencia vibratoria del planeta o la resonancia Shumann, que es el latido de la madre Tierra, que ha sido de 7,8 hz por segundo durante miles de años. Curiosamente, las hondas cerebrales de todos los mamíferos vibran a la misma escala; sin embargo, se ha incrementado desde hace algunos años. Cuando esto sucede, se altera la percepción del tiempo y sentimos como si el día tuviera menos horas, es decir, el tiempo transcurre con mayor rapidez y nuestro ADN se reconfigura. Los metafísicos actuales concluyen que nos encaminamos a otra dimensión más elevada, aunque todo esto ya había sido anunciado por los egipcios, los mayas y los incas. Pertenecer a una dimensión determinada significa tener la misma frecuencia vibratoria de esa realidad; por tanto, si aumenta esa frecuencia, cambiamos de dimensión.

Sin embargo, independientemente de las dimensiones, vivimos en un eterno ahora, es decir, el pasado ya no existe y el futuro no sabemos si llegará. Aquí y ahora es donde creamos: nuestro destino, apegos, felicidad, enfermedades, desdicha, y un cambio sólo se puede lograr con un trabajo emocional profundo.

---

2.   Emoto, Masaru, *The hidden messages in water*, Editorial Beyond Words Publishing, USA, 2004.

Por todos estos cambios, las circunstancias nos están obligando a depurar los bloqueos emocionales para que vibremos de acuerdo con nuestra madre Tierra. Desafortunadamente, con toda esta carga emocional tan densa, no lo estamos logrando de forma muy efectiva, así que esto nos puede afectar directamente al sistema nervioso, causando angustia, depresión y algunas veces suicidio; hoy en día, muchas personas toman antidepresivos.

Vivimos en un mundo de energía vibrante; absolutamente todo a nuestro alrededor está vibrando, nada está inmóvil. Por ejemplo, los pensamientos: cuando son positivos, sus frecuencias son muy altas, de colores brillantes y luminosos; sin embargo, los pensamientos negativos vibran más despacio, son densos y opacos. Las emociones también tienen una vibración; al experimentarlas, las lanzamos al espacio y afectan para bien o para mal a quienes estén a tono con ellas, es decir, se unen a los seres de una vibración parecida.

Cuando experimentamos un sentimiento, automáticamente ponemos en movimiento esa vibración, que va a plasmarse en nuestro cuerpo emocional. Funcionará como un imán, atrayendo frecuencias de la misma vibración; a esto los científicos lo llaman «resonancia».

Según las teorías del Dr. Joe Dispenza, «las emociones no son buenas ni malas, son el mosaico de nuestra existencia; lo peligroso es cuando nos hacemos adictos a ellas y, por eso, atraemos situaciones que llenen esa ansiedad bioquímica en las células de nuestro cerebro. Se ha descubierto que las células usan los mismos mecanismos receptores para una droga que para una emoción, es decir, para tu cerebro, ser adicto a la heroína es lo mismo que ser adicto a una emoción.

Cuando manifiestas una emoción en repetidas ocasiones, ésta se graba en el núcleo de tus células, es decir, en el ADN; al producirse proteínas, éstas son de muy mala calidad, pues tienen el código de esa emoción; por este motivo vamos envejeciendo, nos duelen las articulaciones, nos salen arrugas, etcétera.

Si cambiamos estos patrones, literalmente reconectamos nuestro cerebro a nuevos conceptos y, finalmente, cambiamos de adentro hacia fuera».[3]

Yo percibo los elementos químicos del cerebro como hologramas, es decir, veo plasmados en el cuerpo los bloqueos energéticos causados por las emociones. Si logramos librarnos de nuestras adicciones emocionales, manifestaremos nuevas realidades e, incluso, nuevos cuerpos, pues nuestra química cerebral cambiará. Estamos aquí para ser felices, buscar la paz y crear nuestros sueños, pues somos cocreadores junto con Dios.

Las mismas frecuencias se atraen

La conciencia o intención, por su naturaleza, manifiesta nuestra realidad. Cada estado de conciencia tiene su propia vibración: el miedo vibra de manera muy diferente a la alegría o a la ira; por tanto, nuestra única posesión permanente es nuestra conciencia. Jesús decía: «Cuida tus regalos del cielo», pero nosotros cuidamos las posesiones materiales (el coche, la casa, el dinero) pensando que los van a robar, cuando en realidad lo que tenemos que cuidar es nuestra conciencia. Si alguien tiene en su conciencia miedo a que le roben, atrae el robo, porque somos imanes. El dicho «Dinero llama dinero» refleja el hecho de que un millonario o una persona rica resulte premiado con la lote-

---

3. Dispenza, Joe, *The little book of Bleeps*, Editorial Beyond Words Publishing, USA, 2004.

ría. Esto se debe a que tiene conciencia de abundancia. Si conversamos con un mendigo, al poco tiempo nos daremos cuenta de por qué es un mendigo; es probable que en su conciencia tenga grabada pobreza, carestía o no merecer.

Desafortunadamente, la conciencia no discrimina, es decir, es como la tierra; si se siembra una semilla de ortiga o de castaño, va a brotar la planta que se ha sembrado. La conciencia es como una esponja, todo lo va guardando y almacenando. Lo peligroso es que muchas cosas se quedan a nivel inconsciente, es decir, no se sabe lo que se está guardado y, con el tiempo, empezará a germinar. Aquí es donde se van formando las ataduras. Cuando se deja entrar la energía del miedo en el subconsciente, cada vez que algo nos hace sentir miedo, ésta se irá fortaleciendo, haciéndose más densa y, por supuesto, atrayendo a nuestra vida todo tipo de miedos, ya que recibimos una cantidad inmensa de información cada minuto; por tanto, la conciencia no separa lo bueno de lo malo.

Debido a que fuimos perdiendo el contacto con ese mundo tan sutil, lo único que nos han quedado son expresiones como «estaba rojo de coraje», porque, efectivamente, la ira es roja, o «se puso verde de envidia», ya que ésta es verde manzana.

Raíces

Con una amiga que lleva más de veinte años trabajando en el campo de la psicología, hicimos una lista con todas las emociones que encontramos. A través de esta lista, llegamos a la conclusión de que todos los seres humanos tenemos tres emociones muy arraigadas, que constituyen las raíces de una gama muy extensa de sentimientos. Estas emociones son: dolor, miedo e ira.

En los primeros siete años de vida, grabamos todo tipo de emociones en nuestro subconsciente, y lo plasmamos en nuestro cuerpo emocional. Al ser seres individuales, cada uno de nosotros los graba de diferente forma, dependiendo de las experiencias que hayamos vivido en el pasado.

Las emociones raíz, según lo que yo percibo, se manifiestan a nivel astral de la misma forma en todos los humanos: el dolor lo veo como una sustancia gris oscura, el miedo es una medusa blanca y la ira es un dragón rojo. Según mi experiencia, esta energía tiene que ser expulsada por la boca (en estado de meditación o alpha) para que abandone el cuerpo emocional. Al hacerlo, se está liberando esa energía; se informa al subconsciente de que se está sacando del cuerpo.

Analicemos estas emociones y sus distintas raíces:

DOLOR es la raíz de:

Apatía	Desilusión	Pesimismo
Depresión	Melancolía	Preocupación
Degradación	Nostalgia	Tristeza
Derrota	Pereza	

MIEDO es la raíz de:

Preocupación	Humillación	Amargura
Angustia/Ansiedad	Manipulación	Obsesión
Egoísmo	Posesión	Desconfianza
Cobardía	Intriga	Dependencia
Culpabilidad	Compulsión	Codicia
Chantaje	Avaricia	Alcoholismo
Rechazo	Vergüenza	Adicciones
Superstición	Inestabilidad	Arrogancia

Timidez	Debilidad	Celos
Control	Postergación	Chisme
Inseguridad	Envidia	

IRA es la raíz de:

Soberbia	Injusticia	Orgullo
Abandono	Venganza	Abuso
Agresión	Intolerancia	Indignación
Rigidez	Indiferencia	Crítica
Irritabilidad	Dogmatismo	Frustración
Temperamento violento	Malicia	Traición
Maldad	Impaciencia	Necedad
Terquedad	Obstinación	Hostilidad

Por tanto, cada vez que detectemos alguna de estas raíces, independientemente de las ataduras que existan (que veremos más adelante), tenemos que expulsar esa raíz por la boca en nuestra meditación.

Cómo afectan las emociones al cuerpo físico

La ciencia cada vez acepta más el hecho de que las enfermedades van de la mano de las emociones. Los cuerpos más sutiles tienen impacto en el cuerpo físico, que es el más denso y visible; por tanto, si estos cúmulos de energía densa no se liberan o resuelven, van a provocar finalmente una enfermedad.

Cuando observo a un sujeto que va a enfermar en el futuro, dicha enfermedad ya está plasmada en su cuerpo emocional. Si se trabaja a este nivel y se libera esa carga, podemos definitivamente evitar que tenga impacto en el cuerpo físico.

He trabajado con varias personas en fase terminal de cáncer y me llama la atención cómo, en el cuerpo emocional de todas, dicha enfermedad se manifiesta igual, como una boa que está totalmente enrollada tratando de estrangular este cuerpo; cuando finalmente lo estrangula, la persona muere.

Otra persona que conocí aparentemente estaba completamente sana, pero tenía el hígado lleno de larvas a nivel astral. A pesar de que la alerté para que se cuidara, los doctores no encontraron nada, y a los tres años murió de cáncer en el hígado.

Cuando una persona sana está a punto de enfermar, la veo cubierta de una capa como chicle color mostaza; esto es un indicio de que la enfermedad está a punto de manifestarse. Por esto mismo, siempre les aconsejo que, antes de trabajar con alguna enfermedad en particular, investiguemos cuál es la causa emocional y la liberemos, pues de lo contrario, la enfermedad no se eliminará por completo si no se erradica la causa.

Relación entre enfermedad y causa emocional

Cada parte del cuerpo tiene un significado emocional muy concreto, y lo interesante es que, cuando estamos cortando ataduras, dependiendo del lugar donde se localicen, nos van a indicar qué tipo de sentimiento las creó.

Cuando hacemos este trabajo de liberación, le pido a la gente que vaya tomando nota de lo que está pasando en su cuerpo físico: cualquier molestia, dolor, punzada o cosquilleo. Al final del trabajo, lo que yo percibo en el cuerpo emocional coincide con esos avisos que recibimos del cuerpo físico. Muchas veces, me dicen que sintieron las piernas muy pesadas y, literalmente, la energía tiene forma de un bloque de cemento, o se sienten atados de pies y manos y traen grilletes en ambas partes.

Cuando aplico una terapia individual, comentamos las diferentes partes del cuerpo donde hay bloqueos o ataduras emocionales, vemos el significado, y éste nos habla de por qué ciertas áreas están bloqueadas, por ejemplo: Irma tiene problemas con su marido y decide cortar con esta situación. A nivel astral, tiene grilletes en las muñecas, lo cual significa que se siente restringida en la relación; en el dedo cordial o medio, tiene un lazo que nos habla de sexualidad; en las rodillas, tiene energía bloqueada que significa inflexibilidad y orgullo, y, por último, en los pies tiene unos zapatos de plomo, lo cual nos habla de su incapacidad para tomar decisiones. Todo este cuadro nos da una idea de cómo es la relación de Irma con su marido. Esta información revela un historial de las emociones involucradas. Cuando se toma conciencia de ellas, son más fáciles de liberar.

Cuando esta energía lleva mucho tiempo estancada, aparecen enfermedades, y es en el cuerpo emocional donde se inician.

A continuación, proporciono una lista de enfermedades, su causa emocional y su significado.

PROBLEMA	CAUSA PROBABLE
Absceso	Dolor reprimido, chantaje, venganza.
Accidentes	Rebeldía contra la autoridad. Creer en la violencia. Enojo.
Acné	No aceptarse a sí mismo. Falta de amor a sí mismo.

PROBLEMA	CAUSA PROBABLE
Adenoides	Fricción familiar, argumentos. Sentirse no deseado en la niñez.
Adicciones	Rechazo a sí mismo, miedo, falta de amor.
Alcoholismo	Sensación de la futilidad, insuficiencia.
Alergia al polen	Congestión emocional. Creencias y miedos con relación al calendario.
Alergias	¿A qué es usted alérgico? Deseos falsos, traumas sin resolver.
Anemia	Falta de alegría, ningún interés por la vida.
Antebrazos	Tiene que ver con alcanzar nuestros deseos.
Apendicitis	Miedo. Miedo a la vida. Bloqueo de flujo.
Arteriosclerosis	Resistencia, tensión, mente cerrada y rígida.
Artritis	Amargura, resentimiento, crítica, se siente atrapado o despreciado.
Asma	Supersensibilidad, sofocado de amor. Expresión suprimida. Llanto sofocado.

PROBLEMA	CAUSA PROBABLE
Bazo	Defensa contra invasión. Lo que defendemos.
Bizco	Ver sólo el propio punto de vista.
Bronquitis	Problemas familiares y descontentos.
Bursitis	Cólera reprimida, deseo de golpear a alguien.
Cadera	Miedo de seguir adelante con sus decisiones. Equilibrio y movimiento, sexualidad.
Calambres	Tensiones, amarres, no soltar.
Cálculos-vesícula	Amargura. Pensamientos endurecidos que no puede eliminar.
Cáncer	Secreto o pena profunda que carcome. Resentimiento antiguo.
Cara	Representa individualidad, reconocimiento.
Cataratas	Futuro oscuro. Imposibilidad de ver el futuro.
Catarro	Confusión, desorden, penas pequeñas.
Ciática	Miedo del dinero y futuro.
Codo	Capacidad de cambiar direcciones. Emociones no resueltas.

PROBLEMA	CAUSA PROBABLE
Colesterol	El atascamiento de los canales de la alegría. Miedo de aceptar alegría.
Colitis	Padres superexigentes. Opresión, derrota. Necesidad de afecto.
Congestión linfática	Lucha con intercambio de energía y fluidos del cuerpo.
Control de la vejiga	Miedo a los padres, generalmente al padre.
Contusiones	Los pequeños tropezones en la vida.
Corazón	Problemas emocionales serios, antiguos. Carencia de alegría, rechazo de la vida.
Costillas	Sentido de protección, vulnerabilidad.
Coyunturas	Emociones atascadas, pesimismo, inflexibilidad.
Cuello	Inflexibilidad, negación a ver todos los lados de un tema. Obstinación.
Dedos	Quejarse sobre los detalles de la vida. ÍNDICE: Energía, dinero, ego. MEDIO: Cólera y sexualidad. ANULAR: Energía creativa, relaciones y angustia. MEÑIQUE: Energía social, relaciones y pretensiones de la familia. PULGAR: Intelecto, preocupación y deseos.

PROBLEMA	CAUSA PROBABLE
Deformidades	Kármico. Escogemos a nuestros padres, pues ambos tenemos algo que trabajar.
Derrame cerebral	Rechazo de la vida. Violencia a sí mismo. Resistencia extrema.
Derrame nasal	Hipersensible.
Desmayos	Miedo. No poder enfrentar algo.
Diabetes	Sentido profundo de dolor. Pérdida de dulzura en la vida.
Diarrea	Librarse de ideas con demasiada rápidez. Miedo. Rechazo del pasado. No absorber lo necesario. Tratar de librarse de lo negativo de sí mismo.
Dientes	Indecisión. Incapacidad para el análisis y la decisión. Relaciones de la familia.
Dolor	Congestión, obstrucción. Creer en sufrimiento. Castigo por culpabilidad.
Dolor de cabeza	Tensión, trastorno emocional, sentimientos lastimados, incertidumbre, miedo.
Dolor de oído	Cólera, lo que no desea oír.
Ebulliciones	Cólera, rebasar de ira.

PROBLEMA	CAUSA PROBABLE
Eczema	Hipersensibilidad, dolor individual. Personalidad lastimada.
Edema	¿Qué o a quién no suelta?
Encías	Imposibilidad de mantener decisiones.
Enfermedad venérea	Culpabilidad sexual. Creencia que los órganos genitales son pecaminosos o sucios. Necesidad de castigo y su expresión.
Envejecimiento	Creencias sociales, pensamientos estancados.
Epilepsia	Rechazo a la vida. Violencia contra uno mismo. Sentido de persecución.
Esclerosis múltiple	Dureza mental, dureza de corazón, voluntad de hierro, inflexibilidad.
Espalda	Falta de soporte. Miedo de dinero. Sobrecargado. Complejo de superhombre/mujer. Cobardía. SUPERIOR: Falta de soporte emocional, amor reprimido, vulnerabilidad, resentimiento. LUMBAR: Falta de soporte financiero.
Estómago	Incapacidad de asimilar ideas. Miedo a nuevas ideas. Injusticia, perfeccionismo.

PROBLEMA	CAUSA PROBABLE
Estreñimiento	Rechazo a soltar ideas viejas. Tacañería.
Fatiga	Resistencia, aburrimiento. Falta de interés en lo que uno hace.
Fiebres	Cólera que te quema por dentro.
Flatulencia	Ideas no digeridas. Tragar aire del miedo.
Garganta	La avenida de la expresión. Cólera reprimida. Emociones tragadas.
Glándulas	Desequilibrio. Carencia de orden.
Glaucoma	Presión emocional.
Glúteo	Asiento de la energía, sexualidad.
Gordura	Inseguridad, rechazo a sí mismo. Búsqueda de amor. Protección del cuerpo. Intentar satisfacerse uno mismo. Miedo a la pérdida. Emociones estancadas.
Gota	Impaciencia, cólera. Dominación.
Gripe	Respuesta a la negatividad y creencia colectiva. Miedo. Creencia en estadísticas.

PROBLEMA	CAUSA PROBABLE
Hemorroides	Carga, presión, tensión, miedo. Miedo de soltar algo.
Hepatitis	Miedo, cólera, odio. Vivir con cólera y emociones primitivas.
Hernia	Tensión, cargas mentales. Castigo a uno mismo. Cólera. Expresión creativa incorrecta.
Hígado	Depresión, represión. Quejas crónicas. El hígado es el asiento de la cólera.
Hipoglucemia	Desequilibrio en el sistema. Carencia de alegría. Imposibilidad de aceptar lo bueno.
Huesos	Rebelión contra la autoridad, falta de ayuda, falta de armonía, falta de soporte.
Ictericia	Prejuicios.
Impotencia	Presión sexual, tensión, culpabilidad. Creencia social. Rencor con pareja anterior.
Indigestión	Miedo, pavor, ansiedad.
Infecciones	Irritación, cólera, molestia.
Insomnio	Tensión, culpabilidad, miedo.
Irritación de la piel	Miedos pequeños ocultos. Irritaciones externas.

PROBLEMA	CAUSA PROBABLE
Joroba	Cólera del pasado. Resentimiento que se ha acumulado.
Juanete	Resistencia a entender. No querer saber.
Lado derecho	Miedo a soltar el pasado. Problemas con el lado masculino, lógico/material de las cosas.
Lado izquierdo	Miedo al futuro. Problemas con el lado femenino, emocional/intuitivo de las cosas.
Laringitis	Miedo a expresar opiniones, resentimiento a la autoridad. Cólera.
Lengua	Sinceridad y oposición.
Locura	Escapismo, introversión. Violenta separación de la vida. Huir de la familia
Mal aliento	Actitudes putrefactas, viles chismes, pensamientos asquerosos.
Mala absorción	Inhabilidad para tragar algo en la vida. Lucha.
Manos	La capacidad de tomar y dejar ideas. Miedo de ideas nuevas.
Manos frías	Miedo a la extroversión. Retener energía.

PROBLEMA	CAUSA PROBABLE
Menopausia	Miedo a no ser deseado. Rechazo de uno mismo. Miedo a envejecer.
Menstruación (Dolor de)	Rechazo de la femineidad, culpabilidad, miedo. Creer que los genitales son pecaminosos o sucios.
Migrañas	Resistir el flujo de la vida. Juergas emocionales. Miedos sexuales.
Moretones	Reacción exagerada a los pequeños problemas de la vida.
Muñecas	Restricción, flexibilidad de conseguir lo que deseamos.
Músculos	Reflejar postura y actitudes.
Muslos	Resentimiento, traumas de la niñez, miedo y resistencia.
Nariz	Satisfacción con nuestro alrededor, ego, intuición. Sabiduría.
Nauseas en el mar	Miedo. Miedo a la muerte.
Nauseas en el coche	Miedo. Sensación de estar atrapado.
Nervios	Comunicación. Lucha, prisa.
Nerviosismo	Miedo, ansiedad. Pensamiento confuso.

PROBLEMA	CAUSA PROBABLE
Oídos	Escuchar, recibir comunicaciones y balance. Relaciones de familia y de la niñez.
Ojos	Disgusto por lo que se ve en su vida. Miedo al futuro. No ver la verdad. MIOPÍA: Sólo ve su propio punto de vista. ASTIGMATISMO: Sólo ve lo exterior.
Omoplatos	Cólera, más allá de daños, emociones confusas, carencia de la ayuda emocional.
Pantorrillas	Miedo al futuro.
Parálisis	Miedo, escapismo, resistencia. Choque emocional. Desesperación, cansado de la vida.
Pelo	Libertad, fuerza y energía.
Picazón	Deseos insatisfechos, remordimiento. Castigo por culpabilidad.
Pie	Miedo al futuro y de avanzar en la vida. Decisiones, firmeza y entendimiento. DEDOS DEL PIE: Detalles de menor importancia del futuro.
Pierna	Miedo al futuro. Cómo avanzas en la vida, firmeza, fuerza vital.

PROBLEMA	CAUSA PROBABLE
Plexo solar	Miedo, incapacidad de comunicarse, enojo.
Pómulos	Afecto.
Presión arterial	ALTA: antiguo problema emocional no solucionado. BAJA: derrotado, depresión, dolor.
Problemas de hombro	Carga, sobrecargado. Dependencia en otros.
Problemas de la boca	Incapacidad de ingerir ideas. Comunicaciones. Opiniones fijas, mente cerrada.
Problemas de la piel	Amenaza individualidad. Carencia de seguridad, impaciencia. ERUPCIÓN: una manera infantil de conseguir la atención.
Próstata	Darse por vencido, derrotado. Presión y culpabilidad sexual. Creencia en envejecer.
Pulmón	Miedo a tomar o dar propio de la vida. Independencia, contacto y comunicación.
Pulmonía	Herida emocional. Alteración interna.
Quemaduras	Cólera. Arder por dentro.

PROBLEMA	CAUSA PROBABLE
Quijada	Fuerza de voluntad. Coraje.
Quistes	Crecimiento falso. Sobrecuidar penas y molestias.
Raquitismo	Desnutrición emocional. Carencia de amor y de seguridad.
Retener líquidos	¿Qué tiene miedo de soltar?
Reumatismo	Falta de amor. Resentimiento. Amargura crónica, venganza.
Riñón	Crítica, sensibilidad, decepción, frustración. Miedo. Coraje reprimido.
Rodilla	Inflexibilidad, miedo. Ego, orgullo, imposibilidad de ceder. Obstinado.
Sangre	Falta de alegría. Falta de circulación de ideas. Pensamiento estancado.
Senos, dolor	Actitudes impositivas.
Senos, quistes	Sobreprotección, falta de ternura.
Senos nasales	Irritación de una persona, alguien cercano.
Sordera	¿Qué no desea oír? Rechazo, terquedad, aislamiento.

PROBLEMA	CAUSA PROBABLE
Soriasis	Inseguridad emocional. Alguien le irrita.
Talón	Vulnerabilidad.
Tartamudeo	Inseguridad. Dificultad de expresión.
Tobillo	Intolerancia, rechazo, traición.
Tonsilitis	Emociones reprimidas y miedo. Cólera.
Tos	Nerviosismo, molestia, crítica. Se estanca en la vida.
Tuberculosis	Egoísmo. Posesivo. Crueldad.
Tumor cerebral	Creencias automáticas incorrectas. Obstinado, rechazo a cambiar viejos patrones.
Tumorcitos	Retención de dolor del pasado. Falso sentido de uno mismo y orgullo.
Tumores	Retención de dolores y choques emocionales pasados.
Úlceras	Algo que carcome. Ansiedad, miedo, tensión. Creencia en la presión.
Uñas	Sobreanalizar los detalles, detalles minúsculos. Defensas mentales.

PROBLEMA	CAUSA PROBABLE
Uñas-comerse	Rencor contra uno de los padres. Comerse a sí mismo.
Vaginitis	Culpabilidad sexual. Sensación de pérdida de algo o alguien amado. Rechazar femineidad.
Vejiga	Ansiedad. Aferrarse a viejas ideas.
Venas varicosas	Negatividad, resistencia, exceso de trabajo. Permanecer en un trabajo que usted odia. Circulación atascada de ideas. Desaliento.
Verrugas	Creencia en ser feo. Culpabilidad, odio a uno mismo.
Vértebra	Indecisión. No se siente apoyado emocionalmente por otros.
Vesícula	Resentimiento. Coraje reprimido.
Vientre-área sacral	Relaciones.
Virus[4]	Cambio rápido de conciencia. Reacción a dificultades.

4. Kurtz, Ron, *The Body Reveals*, Editorial HarperCollins, EE.UU., 1984. Dychtwald, Ken, *Body-Mind*, Editorial Tarcher, EE.UU., 1986. Ornstein, Robert, *The Mind Field*, Editorial Malor Books, EE.UU., 1996. Gendlin, Eugene, *Focusing*, Editorial Bantam, EE.UU., 1982.

Tenemos que aprender a escuchar a nuestro cuerpo; cada vez que hay energía bloqueada en algún lugar, nos avisa con dolor o molestia; el cuerpo es sumamente sabio. Del mismo modo en que aseamos diariamente nuestro cuerpo físico, también es nuestro deber limpiar nuestro cuerpo emocional o astral para llevar una vida más sana y armoniosa.

Capítulo 3

Las ataduras emocionales

Somos seres multidimensionales, es decir, parte de nosotros existe en varias dimensiones a la vez, hecho que se ha llamado los diferentes cuerpos del ser. Como ya expliqué en el primer capítulo, aparte del cuerpo físico, tenemos un cuerpo etérico o de energía, que es la batería que da la chispa de vida al cuerpo físico. Este cuerpo es bastante fácil de percibir y se ve como un resplandor blanco, azul o gris, de dos a tres centímetros, alrededor del cuerpo físico.

El siguiente es el cuerpo mental o aura, un cuerpo multicolor que se extiende desde unos cuantos centímetros a más de un metro del cuerpo físico. Muestra nuestros pensamientos.

El tercer cuerpo que vamos a considerar, y el más importante para nuestro tema, es el cuerpo astral o emocional. Éste es el cuerpo que usamos por la noche cuando soñamos y hacemos viajes astrales. También en este cuerpo están grabadas todas las emociones desde nuestra primera encarnación.

Vivimos en la tercera dimensión, lo que significa que somos conscientes del largo, del ancho y de la profundidad. La cuarta dimensión es el tiempo. Más allá de la cuarta, existen muchas dimensiones, y se ha especulado que pueden ser ciento cuarenta y cuatro o más.

En las dimensiones más altas, el sistema de comunicación está constituido por símbolos.

Muchos videntes coinciden en la interpretación de mensajes de las altas esferas, aunque los símbolos que cada individuo recibe para hacer esas interpretaciones pueden ser, y muchas veces son, distintos. La razón de esto es sencilla: cada uno es un ser individual con distintos mecanismos de razonamiento e interpretación.

En mi caso, la simbología que usa el cuerpo emocional es en forma de lazos, ataduras, cadenas, costras etcétera. Cada atadura tiene distinto color, grosor y consistencia y me indica su nivel de significado.

Los colores y las texturas nos dicen algo. Dependiendo del color, así es la densidad. Cada color tiene una frecuencia vibratoria; cuanto más oscura y gruesa, más años lleva ahí estancada, y cuanto más clara más sutil. No es lo mismo un lazo viscoso café oscuro que uno beige claro.

Las texturas nos hablan mucho del tiempo que la energía lleva allí. Hay lazos que han permanecido allí muchas vidas. Mientras más densa sea su apariencia, como hierro o cemento, más tiempo lleva allí estancada. Sin embargo, encuentro lazos de cristal que me indican que son muy recientes, probablemente de esta vida.

El lugar donde aparecen también tiene una relación muy específica con la clase de problema o reto que cada patrón con el que estemos trabajando nos ocasiona. Por ejemplo, he trabajado con personas que tienen una relación muy conflictiva con alguno de sus padres y, muchas veces, veo que llevan una armadura de metal puesta; esto me indica toda la energía que esta persona ha usado para protegerse de su progenitor. Al ver esto, me doy cuenta inmediatamente del tipo de relación que existe.

Desde que nacemos, en cada interacción que tenemos con el mundo exterior, vamos tejiendo una red energética, con lugares, personas y situaciones, proporcional a nuestra reacción. En situaciones agradables o neutras, nuestra energía se expande hacia el objeto de nuestra atención, pero cuando retiramos el enfoque, la energía regresa a nosotros. Por el contrario, un sentimiento que cause un efecto más intenso en nuestro estado emocional, ya sea agradable como el amor, o desagradable como la ira, la dependencia o el dolor, ira formando lazos, ataduras, redes, raíces y capas. Una serie de cosas inimaginables quedan como extensiones permanentes de nuestro cuerpo emocional y, dependiendo de la frecuencia vibratoria, así serán los colores y texturas.

No todas las ataduras son negativas. Los lazos de amor están formados de luz, de vibraciones altísimas; sin embargo, los sentimientos que no son nobles (envidia, egoísmo, inseguridad, rencor, etcétera) tendrán colores sucios, oscuros, y pueden ser viscosos y a veces parecen cemento, metal, papel. Estos últimos son los lazos que nos atan, es decir, que impiden nuestro progreso a cualquier nivel.

Registro en nuestro cuerpo emocional

Cuando morimos, las ataduras o bloqueos emocionales que no se han resuelto y liberado con amor y entendimiento quedan como un registro en nuestro cuerpo emocional.

Al volver a este plano, todos estos registros se activan de nuevo y proseguimos nuestro aprendizaje. Es decir, cuando llega la hora de la muerte, en la siguiente encarnación se vuelve a atraer a esas personas en diferentes cuerpos, y nos mostrarán lo que quedó pendiente por resolver. Las ataduras son como nuestras memorias; por tanto, no se resuelven con la muerte. Lo ideal sería liberarnos inmediatamente con conciencia y perdón.

Así que, gracias a estos lazos y ataduras, vamos encarnando una y otra vez, atrayendo a las mismas personas, repitiendo los mismos patrones y casi viviendo las mismas experiencias. Tan sólo se cambia de país, de ropajes y, obviamente, de tiempo. Lo que no hemos resuelto con amor se va acumulando, formando más ataduras, más capas, hasta parecer una cebolla. Desafortunadamente, éste es el caso de la humanidad.

Yo, por ejemplo, llevo casi trescientos cortes de ataduras y, para mi asombro, me he dado cuenta de que mucha de la gente que ha sido un reto para mí la he atraído de otras vidas, con muchas cuestiones por resolver.

Generalmente, las relaciones más conflictivas que traemos tienen lugar con nuestra familia; por ello, resulta lógico que, cuanto más cerca se tiene a alguien, más oportunidades existen de amarlo. Muchas veces he advertido que nuestros padres han sido nuestros verdugos en vidas anteriores; por la ley de causa y efecto, si le quitas la vida a alguien, se la tienes que dar.

Como almas, hemos venido a evolucionar y desempeñamos diferentes papeles como en una obra de teatro. A veces somos verdugos y a veces víctimas, a veces vivimos comedias y muchas veces más, dramas.

Todo es parte de este gran juego cósmico; se nos da la oportunidad de saldar o aprender nuestras lecciones con amor o entendimiento.

Nunca he conocido a nadie limpio, es decir, que no tenga ningún lazo. Aunque no puedo generalizar, en mi trabajo de terapia con personas comunes, todas tienen lazos.

Yo creo que si encontrara a alguien limpio, sería uno de esos seres que vienen para una misión específica de ayuda. Estoy convencida de que la gran mayoría de nosotros venimos a resolver nuestro karma; ésa es nuestra misión.

Muchas veces pensamos que, porque ayudamos a los pobres, les damos de comer o les damos dinero, tenemos mucho adelanto espiritual. Lo que no sabemos es que, en otras
vidas, probablemente nos moríamos de hambre y esta experiencia nos sirvió para ser más compasivos. Por supuesto
que no quiero quitar el mérito de ayudar, pero según mi
experiencia, salvo en muy pocas excepciones, lo hacemos
por miedo a pensar que alguna vez nos pueda pasar lo mismo o porque a nivel inconsciente nos identificamos con esa
situación.

No se puede generalizar, ya que cada uno trae su propia
historia; por esto mismo, no se debe juzgar sin tener acceso
a los archivos de lo que hemos vivido.

Resonancia

Toda vibración tiene resonancia. Esto quiere decir que,
cuando vibran igual, se atraen. El miedo atrae al miedo,
¿para qué? Para liberarlo o saldarlo. Por ejemplo, si alguien
se casa con un alcohólico, analizamos si alguno de sus padres fue alcohólico, y, si el patrón no se encuentra en esta
vida, lo más probable es que proceda de una vida pasada.

En mi caso, todos mis novios eran borrachos; a mi pareja
anterior le gustaba beber sin llegar a ser alcohólico, y me
preguntaba por qué atraía a hombres así si en mi casa nunca vi ese patrón. Decidí cortar con el alcohol y me di cuenta
de que en una vida anterior, en la época de las cruzadas,
yo era un hombre borracho y, curiosamente, mi pareja en
esta vida era mi esposa en aquélla y tuvo que soportar mis
borracheras como ahora yo a él. Cuando corté con esta
situación, para mi sorpresa, dejó de beber sin saber nada
de mi trabajo; en realidad, la intención era eliminar esa
energía de mis cuerpos; nunca lo hice para que él dejara

de beber. Él murió tiempo después; mi siguiente pareja hacía veinticinco años que no probaba una gota de alcohol, aunque fue alcohólico. En pocas palabras, ya no tengo esa energía en mis cuerpos, por tanto, no la atraigo.

Con un padre abusador, es probable que se busque una pareja así, porque es lo que se conoció en la niñez, nos es familiar. Volvemos a atraer el mismo tipo de experiencia porque tenemos esas mismas frecuencias grabadas en alguno de nuestros cuerpos inferiores. A esto me refiero cuando digo que somos como imanes.

Yo quedé huérfana de madre cuando tenía tres años. Me llevaron a vivir con mi abuela materna; nunca viví con mi padre. Cuando crecí, conocí a mi pareja anterior, que me llevaba treinta años, y que incluso era mayor que mi padre. Fue mi pareja durante quince años. En realidad, lo que yo buscaba era el papá que nunca tuve. Afortunadamente, este hombre fue muy bueno conmigo; me trataba como a la niña de sus ojos, fue el padre consentidor que siempre quise tener. La mayoría de nosotros, en lugar de buscar una pareja acorde, un complemento, buscamos a partir de nuestras carencias o patrones familiares y, algunas veces, no son relaciones sanas. La vida nos está dando la oportunidad de atraer eso para resolverlo con amor y entendimiento; sin embargo, lo que menos hacemos es resolver.

Imaginemos a alguien que vivió una guerra o un asesinato. Con las emociones, va creando capas de resentimiento, de odio, de venganza. Cuando dicen que hay que perdonar, mucha gente responde: ya perdoné, pero eso es de boca para afuera, ya que la mayoría no perdonamos. Entonces, cuando alguien pulsa alguno de esos botones, ya sea viendo alguna película, o discutiendo algo relacionado con lo que vivió, salen a flote con más fuerza todas esas emociones sin resolver, lo que crea, a su vez, capas en su cuerpo emocional.

Cuando atraemos a gente similar o a situaciones, ya sean agradables o no, se le llama espejo. Lo que atraemos nos está mostrando un espejo de nosotros mismos; por ejemplo, eres un criticón y lo que atraes son criticas o gente criticona. Cuando te deshaces de alguien así, y se va de tu vida, sientes un descanso, pero a los pocos meses vuelves a atraer a alguien igual o te ves envuelto en una situación similar.

Desconcertados, nos preguntamos por qué otra vez atraemos lo mismo. ¿No será porque somos criticones?

Si se diera el caso de tener un hijo desobediente, debes trabajar con el control, ya que de forma subyacente se encuentra el miedo. Tu papel en esta vida como madre es tratar de guiar lo mejor posible a tu hijo. Jamás por medio del control. También sería aconsejable que tu hijo trabajara con el control, porque de alguna manera lo atrajo al tener una madre así. En el momento en que empieces a trabajar, ayudarás a tu hijo, a tu familia y a la humanidad, porque a nivel atómico somos una red, no hay separación. Al limpiarnos nosotros, estamos limpiando el todo. Como es adentro, es afuera: lo que yo manifieste en mi energía se hará patente en el exterior. Mi trabajo está ayudando a la humanidad, a todo el planeta.

En una ocasión, decidí cortar con el ego. Fue impresionante, pues durante esos días, la gente que iba a verme me contaba lo inteligentes que eran, lo guapos, maravillosos, etcétera. En realidad, me estaban mostrando, como si fuera una obra de teatro, lo que es el ego. Esto es lo que pasa durante procesos que duran catorce días, como éste: atraes la energía con la que estás trabajando (ego, miedo, ira, etcétera) y de repente la ves por todos los lados porque ahí se encuentra tu atención.

Desafortunadamente, cada vez que tenemos un sentimiento negativo hacia alguien, nos atamos a esa persona y,

aunque no podamos ver la atadura, este individuo u otro
con energía similar va a ser atraído a nuestra vida para
darnos la oportunidad de liberarnos de ese patrón.

En este universo, todo es perfecto, aunque no lo veamos
así. Estos encuentros son grandes regalos u oportunidades
para aprender y liberar. De lo contrario, seguiremos repitiendo lo mismo en nuestras próximas encarnaciones. En el
libro *El Destino de las Almas*[5], Michael Newton escribe acerca
de un sujeto que tardó cuatro mil años en resolver los celos.

Nunca he visto en este plano a alguien que esté completamente limpio. Esto fue lo que inicialmente me hizo
llegar a la conclusión de que estas ataduras son el karma del
que todo el mundo habla; alguien limpio no estaría aquí,
pues ya no tendría nada que aprender. Por ley cósmica,
sólo atraemos eventos, personas y situaciones que tengan
una energía similar a la nuestra, ya que, como dije ante-
riormente, funcionamos como imanes.

Cómo se manifiestan las ataduras

Otra parte muy interesante de las ataduras es que todos
vamos creando nuestras emociones según nuestras prefe-
rencias y gustos. En alguna ocasión, he tenido que ayudar
a cortar los lazos a una persona que se dedicaba al diseño
gráfico; era impresionante la cantidad de texturas y diseños
geométricos que formaban sus ataduras.

Todo lo que vamos sintiendo se va formando en nuestro
cuerpo emocional; cuando me comentan que sienten como
si trajeran un peso en la espalda, yo veo cómo, efectivamente, es así. O, cuando alguien se siente atado de pies y

---

5.   Newton, Michael, *El Destino de las Almas*, Editorial Llewellyn Publica-
tions, EE.UU., 2004.

manos ante una situación, literalmente trae grilletes en ambos miembros. Cuando nos comportamos falsamente, tratando de esconder nuestro verdadero «yo», nos ponemos máscaras astrales para ser aceptados, para que nos quieran, para que nos teman, para poner límites; cuando estamos deprimidos, el cuerpo emocional está en el interior de una bolsa de plástico oscura. Con el tiempo entendí que cuanto más oscuro es el color, la energía es más densa. A veces veo ataduras que parecen de cristal, hecho que me indica que son más recientes, probablemente de esta vida; sin embargo, cuando son muy oscuras o parecen metal o cadenas, significa que llevan siglos estancadas. Imagínense la cantidad de energía que se tiene que invertir para crear eso. Estas ataduras se manifiestan en distintas partes de nuestro cuerpo; por ejemplo, en los hombros. Para alguien que es muy dependiente, los hombros significan soporte; por esto mismo, estas personas se enganchan a la persona de la que dependen. Al analizar lo que significan las partes del cuerpo donde están las ataduras, se puede comprender qué tipo de relación hay entre dos personas.

También podemos crear costras en lugar de ataduras. Si alguna persona nos humilla o nos hace daño constantemente, es muy probable que hayamos creado una costra en nuestro corazón para protegernos y aminorar el dolor. Alguien que se sienta muy asfixiado en una relación es probable que tenga su cuerpo emocional metido en una bolsa al vacío. Muchas veces tenemos tanta ira acumulada que se manifiesta un dragón rojo en el vientre, el cual, como ya vimos, es el símbolo de la ira.

Sin embargo, a pesar de que la mayoría de nosotros no veamos todas estas cosas, las sentimos. ¿Quién no ha sentido que estaba cargando a alguien?

Aquí nos damos cuenta de que somos creadores. Del mismo modo en que creamos nuestras ataduras, también

desarrollamos nuestro destino y experiencias. Somos arquitectos de nuestro destino.

Como vimos en el capítulo anterior, cuando no se libera
la energía que se va acumulando en el cuerpo, éste enferma.
Por tanto, las enfermedades son esos bloqueos de energía
que no fluyen libremente, son frecuencias muy bajas estancadas. Todo el universo tiene que fluir. Si dejamos agua en un
recipiente durante mucho tiempo, se pudre; lo mismo pasa
con este cuerpo, que, incluso a nivel físico, se va deforman-
do, se va jorobando; los huesos enferman, entre otras cosas.

Las ataduras se pueden cortar

No obstante, la persona rodeada de ataduras, en un momento dado, a través de una técnica de meditación, se puede liberar de ellas. A esto precisamente se le llama cortar
las ataduras.

Es impresionante cuando se empieza a cortar, ya que se
van retirando capas y capas y más capas. La gente cambia
físicamente y, obviamente, se va sintiendo más ligera. Por
ejemplo, una persona que conozco, ya lleva varios cortes y
sus amistades le preguntan si ha pasado por el quirófano;
en realidad, la gente ve más luz, pues la mayoría solemos
estar grises y opacos.

Lo interesante de los cortes es que, conforme se va trabajando, salen a flote cosas de las que no se era conciente,
hecho que da la pauta a seguir. Al seguir quitando capas,
de repente, se revela otro aspecto de nosotros. Por ejemplo,
si se corta «no merecer» (baja autoestima), en el corte nos
damos cuenta de que somos manipuladores y que manipulamos porque tenemos miedo, y así sucesivamente.

En el caso del dinero, cuando no logramos alcanzar la
verdadera prosperidad, debemos hacer un corte con el di-

nero, votos de pobreza (muchos hemos tenido vidas pasadas como religiosos) y carestía.

Recordemos que el cuerpo físico tiene memoria, como en el caso de los músculos, las células, etcétera. Y el cuerpo emocional también la tiene en forma de traumas o heridas que hemos vivido desde hace cientos de años. Es muy interesante ver esto en las regresiones a vidas pasadas; al descubrir por qué se generaron dichos patrones, se libera el dolor o la molestia. Brian Weiss explica este hecho de forma muy clara en sus libros.[6]

Yo padecía mucho de las cervicales desde muy joven y no me explicaba por qué, ya que en esta vida nunca había sufrido ningún accidente. Siempre que viajaba tenía problemas con las almohadas, no podía hacer mucho esfuerzo con el cuello porque lo tenía muy frágil; era un problema constante. Cuando empecé mis cortes, decidí trabajar con la ciudad de París, pues siempre me causó malestar, y de pronto descubrí que, en una vida pasada, viví la Revolución Francesa, me cortaron la cabeza y ese registro se quedó grabado en mis cervicales; cuando tomé conciencia de la razón de mi problema, en ese momento lo liberé, y, hasta la fecha, no he vuelto a padecer de las cervicales.

En otra ocasión, un grupo fuimos a hacer un trabajo espiritual a Perú y llegamos a un convento. Una de las personas empezó a sentir un dolor terrible en la cintura, de tal manera que casi no podía caminar, y yo me di cuenta de que en ese lugar se había llevado a cabo una batalla entre incas y españoles hacía quinientos años, y esta persona había estado allí. Con una espada, le cortaron la columna en dos y murió. Lo interesante es que, al llegar a ese lugar, se le destapó ese registro y lo sintió como si le acabaran de

---

6. Weiss, Brian, *Muchas vidas, muchos sabios*, Editorial Fireside, New Cork, 1988.

herir, lo cual fue una oportunidad para liberarlo; de no ser así, es probable que más adelante hubiese tenido problemas en la columna. También es probable que los demás integrantes del grupo hayamos participado en un lado u otro en esa batalla, pues cada cual fue a liberar la parte que le correspondía. Si nos damos cuenta, la vida es una constante oportunidad de liberación.

Lo que hacemos al cortar ataduras es reciclar la densidad para hacerla más liviana o, en otras palabras, ascender. No ascendemos como lo hizo Jesús debido a la energía densa con la que cargamos; no podemos alcanzar las frecuencias para subir a otra dimensión. Los maestros ascendidos también tuvieron que resolver sus demonios interiores.

Ahora comprendemos la famosa ley «como es arriba es abajo», ya que lo que pasa en otros niveles energéticos o dimensiones tiene impacto en nuestra tercera dimensión o realidad. Si nosotros como humanos estamos atados a una infinidad de cosas y personas, también los países están sujetos a estas formas energéticas creadas por nuestra conciencia colectiva.

No quisiera menospreciar a las personas que trabajan limpiando el planeta, pero sería más consecuente empezar por nosotros mismos. Si realmente queremos ayudar a nuestro planeta en estos tiempos de cambio, pongamos nuestro granito de arena y empecemos por casa. Recordemos que «como es adentro es afuera». Así, no debe extrañarnos de que en el planeta haya guerra o ¿es que acaso ya resolvimos nuestras guerras interiores?

Capítulo 4

Las fugas energéticas

Los diferentes cuerpos del ser humano formados por energía o luz van a hacer posible nuestra existencia en este plano. Nunca traemos un 100 por 100 de nuestra energía en cada encarnación, ya que sería una descarga muy fuerte para el cuerpo físico. Cuando alguien es muy vital, es probable que traiga un porcentaje más alto que alguien sedentario; el porcentaje sobrante se queda en otros planos o dimensiones para seguir aprendiendo o evolucionando. La cantidad de energía que traemos en esta encarnación va a ser la necesaria para funcionar hasta la muerte, y se guarda en el bazo.

Traemos la cantidad de energía para multiplicarla y usarla correctamente. Cuando nos extraen el bazo en una intervención quirúrgica, existe un desequilibrio a nivel físico, pero, como tenemos varios cuerpos, éstos también sufren el impacto. Hoy en día, la medicina se dedica a extraer órganos del cuerpo sin tener en cuenta que cada uno sirve para una función específica, y que todos funcionan en conjunto como una sinfonía. Cuando a alguna persona le amputan una pierna, un vidente puede verla en sus otros cuerpos e, incluso, el paciente sigue sintiendo dolores en el miembro que falta años después de sufrir la amputación. El hecho de que sólo veamos el cuerpo físico no quiere decir que no existan los otros cuerpos.

Una fuga energética es una hemorragia provocada por un «agujero» en alguno de nuestros cuerpos por donde se drena o escapa la energía.

En alguna ocasión, he trabajado con una persona a la cual le habían extraído la mitad del intestino y siempre estaba agotada. Yo no lo sabía; sin embargo, en todos sus cuerpos se veía el agujero. Fue necesario reconstruir el intestino en los demás cuerpos. ¡Imagínense la fuga energética que tenía! Esto, sin mencionar que, cuando nos operan, automáticamente todos nuestros cuerpos se cortan; si lo hacen en los meridianos adecuados, con el tiempo se volverán a unir, pero si lo hacen al azar, como ocurre la mayoría de las veces, todos los cuerpos quedan rasgados como en el caso anterior, por lo que tuve que cerrar o coser todos sus cuerpos.

La Biblia nos narra, en una parábola, el caso de un padre que entrega dinero a cada uno sus tres hijos: uno lo pierde todo, el otro no pierde ni gana, y el tercero multiplica la cantidad. En realidad, esta parábola trata de la energía. Estamos aquí para multiplicarla y poder ascender. Si analizamos nuestra vida diaria, lo que hacemos inconscientemente es tirarla, en lugar de multiplicarla para ser focos de luz, iluminarnos y ascender. Nos vamos atando a la primera provocación y, cuando estamos como madejas de estambre, densos y pesados, nos dedicamos a robar energía.

Robo energético

La gente compite permanentemente por cosas materiales: dinero, poder o amor, pero, en realidad, esta codicia es por energía de vida. A nivel espiritual es infinita, pues todo está compuesto de energía; sin embargo, debido a que usamos esta energía vital para crear ataduras por miedo, ira, inseguridad, etcétera, nos queda un déficit energético para otras funciones. Para llenar el vacío que queda, necesitamos energía y la forma más fácil de conseguirla es robársela a otro ser humano. En pocas palabras, en un nivel u otro estamos constantemente peleando por energía; no es de extrañar que muchas veces nos sintamos cansados.

Cuando alguien lanza un gancho, un lazo o una atadura por enojo hacia otro ser humano, si pudiéramos observarlo en otros niveles, veríamos cómo su campo energético se va desinflando, como si lo hubiéramos metido en una bolsa al vacío, mientras que el agresor se hincha de energía, pero sólo durante un momento, pues esta energía va a ser consumida al formarse estas ataduras. Una vez establecido este contacto energético, cada vez que el agresor vuelva a tener contacto físico o mental con la víctima, va a retornar la emoción de enojo, haciendo más sólidas estas ataduras, casi hasta el punto de sentirlas físicamente.

Todos hemos estado en presencia de alguien que, después de un rato, nos deja totalmente agotados. Cuando algún familiar o pareja nos manipula, haciéndonos sentir culpables, en realidad lo que está haciendo es absorber energía y, nosotros, al responder con culpabilidad, nos estamos atando y cediendo nuestra energía o poder al otro.

Conforme nos seguimos encarnando, atraemos una vez más a la misma persona con la esperanza inconsciente de limpiar ese enojo. Si logramos cambiar esto mediante el perdón o el trabajo personal, nos quitamos un gran peso del cuerpo emocional, pero si ocurre lo contrario, seguiremos endureciendo estas ataduras hasta que parezcan hierro. Cuanto más atados estemos, más energía necesitaremos robar, pues estas ataduras nos dejan totalmente exhaustos.

Un caso clásico es el siguiente: cuando nos enamoramos de alguien que no nos conviene y, aunque aceptemos que esa relación no es buena, no la podemos dejar. Es el típico amante que coquetea y anda picando en varias partes y tiene una mirada tan maravillosa... que no te puedes negar.

Para ilustrar lo anterior, veamos el caso de Gabriela, que vino a verme porque no podía quitarse a una pareja de la mente. En el corte salió, aparte de sus muchas ataduras, que tenía astralmente un cinturón de castidad, y me confesó que, al hacer el amor con él, nunca tenía orgasmos. Después del trabajo, aterrizó completamente en la relación y se dio cuenta de que su pareja no la atraía físicamente, pero, debido a estas ataduras, no tenía el poder consciente de dejarlo.

En relación a las parejas, la codependencia es sinónimo de robo de energía; no confundamos el amor con la dependencia, ya que el primero se basa en la libertad. Cuando manipulamos o celamos, en el fondo hay inseguridad o miedo, y cada uno se alimenta de la energía del otro en lugar de retomar nuestro poder. Si no resolvemos esto, lo más probable es que nuestra relación de pareja no sea plena y satisfactoria, y mucho menos feliz. A esto añadamos que cuanto más libres seamos a nivel emocional, más posible será atraer una persona similar. Hay que vivir de forma más sana y libre.

También está el caso de los enfermos que manipulan porque despiertan en nosotros lástima o culpabilidad y nos sacrificamos por ellos. Me preguntan mucho sobre los casos de parejas de ancianos que, después de muchos años de casados, si uno de ellos se muere, al poco tiempo fallece el otro. La gente piensa que esta muerte es de tristeza; sin embargo, en muchos casos, se debe a que uno ha estado dependiendo energéticamente del otro y, al morir uno de ellos, se le acabó la fuente de energía al superviviente, pues se la «robaba» a su pareja.

Veamos también el caso de aquellos a quienes les encanta el poder: conocí a alguien que daba clases de teosofía. Se podría decir que desempeñaba un papel de guía espiritual. Era bajo de estatura y sin mucha personalidad, pero cuando se subía al estrado a hablar, brillaba e incluso parecía más alto y guapo. Con el tiempo, lo conocí más a nivel personal y me di cuenta de todas las cuestiones que tenía sin resolver. Estaba totalmente atado y, en realidad, era gris y opaco. Llegué a la conclusión de que, cuando estaba en sus conferencias, se alimentaba de la energía de todos los oyentes para suplir esa carencia energética y eso es lo que le daba el carisma que proyectaba, pero que no le pertenecía.

Sin embargo, también he conocido a líderes espirituales que, con sólo verlos, te llenas de paz. Hace poco fui a una canalización de un ser llamado Kryon; desde el momento en que comenzó a hablar, sentí una energía muy fuerte en el corazón y, de repente, empecé a llorar de devoción. Al terminar el evento me di cuenta de que la mayoría de la gente salió llorando, pues su corazón se abrió a la compasión, a través de la energía de este ser.

Cuando vamos a algún concierto y aplaudimos, creamos hondas de energía. Siempre nos han dicho que los artistas se alimentan del aplauso del público. Se dice que cuando la música es muy discordante puede perforar nuestros cuerpos energéticos; sin embargo, cuando tiene frecuencias muy elevadas, como la música de Mozart, podemos alcanzar estados alterados o superiores de conciencia.

En alguna ocasión, me han comentado que un dirigente político muy conocido, mientras estaba frente a los medios de comunicación con micrófono y cámaras, se crecía y podía hablar durante horas sin parar, que incluso reflejaba una personalidad muy fuerte; sin embargo, sin toda esa parafernalia alrededor, era totalmente insignificante.

Recordemos a Hitler: cuando pronunciaba sus discursos, tenía a la gente hipnotizada. En mi opinión, sabía manejar muy bien su energía para manipular y lograr sus fines. Seres como éste son realmente muy peligrosos, pues actúan con conciencia. Afortunadamente, no hay muchos así.

También vemos personas que discuten acaloradamente o que disfrutan molestando de forma verbal a los individuos acomplejados o con patologías. Este tipo de personas roba la energía a otros. Si eres observador, puedes identificarlos fácilmente; no discutas con ellos, ya que no vale la pena, pues al final te sentirás agotado.

La ignorancia no nos protege de personas con estas características; si te sientes culpable, ansioso, con sentimiento de inferioridad, es señal de que cerca hay alguien así y, más peligroso aún, que tienes ataduras con él. Recuerda que todo lo atraemos por resonancia, es decir, somos espejos. Cuando encuentres cerca a un individuo así, protégete y analiza si te está mostrando algo con lo que tienes que trabajar. Es interesante cómo trabaja el subconsciente, ya que el cuerpo nos va a avisar. El individuo víctima cruza los brazos para proteger su plexo solar (la boca del estómago) y también cruza las piernas. Ésta es una manera de protegerse. Pero lo que realmente se debe hacer, si alguien refleja algo negativo en ti, es cortar.

Cuanto más limpio estés, más brillarás y la gente querrá estar cerca de ti, pues se sentirá muy bien. Nos convertimos en focos de luz, aunque algunas veces ocurre la disonancia: cuando alguien vibra muy bajo o denso y tiene contacto con una persona que vibra muy alto, tiende a agredirla, ya que la confrontación es muy fuerte. Esa luz le hace sentirse mal, pues se da cuenta de todo lo que le falta por resolver, ya que le saca a flote sus demonios interiores. Eso pasaba con Jesús: todos querían estar cerca de él, pero también tenía enemigos terribles e implacables, porque los enfrentaba con su oscuridad.

En resumen, con estos ejemplos nos damos cuenta cómo se puede manejar la energía para brindarnos paz y armonía o, al contrario, para alimentar nuestros miedos e inseguridades. En realidad, la energía nos da poder y depende de cada uno de nosotros cómo la queramos usar, pues disponemos de libre albedrío.

Al hablar de energía, es indispensable tocar el tema del dinero. Éste no es más que el símbolo del flujo de energía por la cual se está constantemente luchando. Cada individuo le ha otorgado diferente carga energética de acuerdo con lo que haya vivido en esta vida o en otras. Si alguien es tacaño, en el fondo tiene miedo de no tener dinero y esto puede deberse a que vivió una infancia pobre o a vidas anteriores de carestía. Por este motivo, le cuesta dejar fluir la energía y, tarde o temprano, enfermará del intestino, ya que la está bloqueando de alguna forma. Por tanto, el dinero es energía y no es bueno ni malo.

Dependiendo de nuestra conciencia o, más bien, de lo que tengamos grabado ahí, así será nuestra vida económica, de abundancia o carestía. Por tanto, nuestro estado de conciencia va de la mano con nuestra situación económica.

Todo en el universo tiene que fluir. Las monedas se hicieron redondas para que rodaran y, al contrario de lo que se piensa, jamás tiramos el dinero, pues, gastemos en lo que gastemos, siempre, de alguna manera, vamos a ayudar a alguien; al dejarlo rodar llegará a manos de otras personas que lo necesiten; sin embargo, si lo atesoramos y guardamos, es una energía que no fluye y que no regresará.

Manejo de energía en los niños

Todos tenemos habilidades psíquicas, pero se pierden por
ser ignoradas o reprimidas. Por tanto, el niño desde que
nace hasta la edad de siete años tiene la visión espiritual
abierta a los talentos extrasensoriales, e incluso se puede
acordar de vidas pasadas o puede ver seres de otras dimensiones. Sin embargo, a los siete años se corre el velo del
olvido, también llamado el velo de Isis; esto quiere decir
que se borra toda la información que puede recordar y se
cierra el tercer ojo u ojo espiritual. Esto ocurre porque se va
involucrando más en el medio ambiente y los adultos le
van bloqueando.

Me produce tristeza constatar que muchos niños actuales no ven ni recuerdan nada, pues están completamente
absorbidos por la televisión y los juegos electrónicos, y a
los pocos que están despiertos les dan medicinas para blo-
quearlos. Tenemos que alimentar esa parte espiritual de los
niños porque son los que van a cambiar el planeta.

Si el niño cuenta cosas de sus amigos imaginarios, el
adulto debe afirmar que cree en ello a fin de no bloquearlo.
Se le debe enseñar a meditar y visualizar para que conecte
con los seres angélicos y su conciencia superior; también se
le debe enseñar por medio del juego cómo protegerse energéticamente. A los niños se les pide que se metan (imaginariamente) en una burbuja de jabón, sobre todo por las noches antes de dormir, y se les debe ofrecer toda la atención
y energía de vida posibles, especialmente en sus primeros
años de vida, ya que los niños aprenden muy rápido, son
como esponjas.

Una persona que venía a terapia conmigo habló con su
hijo de cinco años acerca de estas cosas y el niño empezó
una comunicación, que continúa hasta la fecha, con Miguel
Arcángel, e incluso medita a diario.

La mayoría de nosotros pensamos que los niños son almas puras e inocentes y, en cierto sentido, tenemos razón, pues ésa es la característica de nuestra alma: tiene frecuencias altísimas de luz y perfección, pero, al estar en esta dimensión, nos contaminamos con nuestros actos, emociones, cuerpo físico, etcétera. Recordemos que vida tras vida volvemos a desarrollar las ataduras que no resolvimos y a vivir las experiencias que no aprendimos; como ya expliqué en el capítulo del cuerpo emocional, nunca empezamos una historia nueva, sino que tan sólo iniciamos un nuevo capítulo para seguir desarrollando el plan antiguo.

Es importante mencionar que no podemos cortar las ataduras que tenemos con nuestros hijos si son menores de catorce años, puesto que este intercambio energético ayuda a formar sus cuerpos. La energía de los padres es la fuente de energía para los niños; por tanto, niños rechazados, ignorados o maltratados son excelentes candidatos para robar energía, máxime hoy en día, debido a que ambos padres trabajan y que existe un número elevado de divorcios.

El conde Drácula

Cuando analizo la historia del conde Drácula, me impresiona el simbolismo y trasfondo espiritual que tiene. Cuenta la historia de un vampiro que no puede entrar en tu casa a menos que lo invites; a nivel energético es cierto, ya que equivaldría a permitir o a abrir la puerta para que te robe tu energía; la invitación se hace por medio de cualquier frecuencia baja: el miedo, la ira, etcétera. La sangre simboliza la energía vital que el vampiro te absorbe. Se viste de negro porque este color no deja que se escape la energía, que para el vampiro es lo más preciado.

Un vampiro es generalmente alguien atractivo o seductor, pues vibra en las mismas frecuencias que tú, es decir, algún aspecto de esta persona te atrae porque refleja algo de ti.

Inconscientemente, tenemos mucha información guardada; nuestra intuición nos va guiando, por tanto, escuchémosla para protegernos y alejarnos de este tipo de seres.

Técnicas de protección

Ésta es una técnica de protección muy fácil que podemos practicar a cualquier hora.

A lo largo de la columna vertebral, se halla el meridiano central. Allí se encuentran las entradas principales de energía en nuestro cuerpo, conocidas como *chakras*.

Les recomiendo que, cuando vayan a un lugar con mucha gente, se imaginen que tienen una cremallera en el hueso de la pelvis; súbanla imaginariamente hasta la boca y una vez allí ciérrenla con llave. De esta forma, nos estamos protegiendo, durante algunas horas, de que nos roben energía; cuando nos sintamos cansados, repitamos el ejercicio. Acordémonos de hacer esto cuando vayamos a juzgados, cementerios, hospitales y, sobre todo, si somos terapeutas.

Cuando nos sintamos muy bajos de energía, busquemos un árbol, pidámosle permiso y recarguemos nuestra columna vertebral en el tronco.

Otras maneras fáciles de protegernos es imaginar delante de nosotros un escudo de cristal como los que usan los policías, meternos en una burbuja azul o simplemente imaginar que tenemos una armadura de luz dorada.

Hay que recordar que, aunque existen los «vampiros» energéticos, nosotros contamos con técnicas de protección que, si queremos, están a nuestro alcance.

Capítulo 5

¿Qué son las entidades?

El alimento es el motivador universal, pues todos los seres necesitan energía para poder sobrevivir, incluidos los seres astrales. Todas las entidades actúan como parásitos y se alimentan de sus víctimas. Son atraídas por emociones negativas como el miedo, la ira, la ansiedad, etcétera.

Cuando sentimos miedo, liberamos gran cantidad de energía. Las entidades producen miedo en la mayoría de los humanos y, cuanto más fuerte es la entidad, más miedo se siente. Muchos de los casos de parálisis son causados por miedo.

Estos seres viven mucho tiempo y coexisten con un gran número de seres humanos; como no vivimos tanto tiempo, necesitan una cadena de víctimas para invadir y formar ataduras regularmente. El uso de alcohol y drogas crea mayor vulnerabilidad.

Según la fuerza de la entidad, es posible causar varios síntomas en la víctima: ansiedad, miedo, depresión, parálisis parcial o total, cualquier tipo de compulsión, cambios de personalidad y suicidio. Éstos pueden agotar la vitalidad en segundos por medio de la ósmosis. Imagínense que la entidad es una esponja seca y el ser humano está lleno de fluido vital; con el contacto, la energía o fluido es absorbido totalmente por estos seres.

¿Por qué las atraemos?

Las entidades son patrones densos de energía negativa creados por nuestro propio subconsciente o por la conciencia colectiva. Cuando un grupo de personas dirige repetidamente su atención hacia algo, se invierte mucha energía y se crean estos inmensos cúmulos energéticos que casi resultan palpables. Muchas veces poseen tanto poder que son más fuertes que los individuos.

El término «entidad» hace referencia a seres no físicos que se atan o adhieren a nosotros a través de nuestros cuerpos; al hacerlo, cobran vida, pues actúan como parásitos y pueden crear problemas emocionales, mentales o físicos.

Según mi experiencia, las entidades son siempre iguales en cada ser humano que las manifiesta, esto es, el miedo, el tabaco, la ira y la lujuria tienen la misma forma en todos ellos.

Si fumas mucho en esta vida, lo más probable es que lo traigas de otra vida, no necesariamente de tus padres. Cuando mueres con un vicio, lo arrastras a tu siguiente encarnación.

El miedo, por ejemplo, se representa como una medusa blanca y gelatinosa semejante a las que habitan en el mar, y la persona la trae adherida a su cuerpo o en el área del plexo. El miedo procede de muchas vidas pasadas y está muy arraigado a nuestro cuerpo emocional; todos tenemos algún tipo de miedo.

Definitivamente, la ira es como la describe Phyllis Kristal en su libro *Cortando los lazos que nos atan*.[7] Se representa como

---

7.   Krystal, Phyllis, *Cortando los lazos que nos atan*, Editorial Errepar, Argentina, 1990.

un dragón rojo. En ocasiones, aparece enrollada alrededor del cuerpo de la persona y la mayoría de las veces se percibe más claramente en el abdomen.

Enojos acumulados durante mucho tiempo se instalan en forma de dragón.

Cuando se concluye un trabajo de cortes se recomienda, tanto en el miedo como en el caso de la ira y el dolor, arrojarlos por la boca durante la meditación.

En el caso de las adicciones, siempre me preguntaba por qué es tan difícil para un adicto liberarse de ellas, hasta que descubrí las entidades. Éstas se adhieren al cuerpo emocional de la víctima y su alimento es la energía o frecuencia vibratoria de la sustancia a la cual son adictos, ya sea el tabaco, el alcohol, el azúcar, las drogas, etcétera.

Nosotros no podemos cortar con las adicciones de otra persona. No nos podemos meter en el libre albedrío de los demás. Cada uno debe trabajar sus demonios interiores. Lo que sí es válido —y hasta cierto punto nuestro deber— es enseñarlos.

Una de las leyes del universo es respetar el libre albedrío, que es nuestro regalo divino. Dicen que ni siquiera Dios puede intervenir en él. Si alguien lo hace, está violando tu derecho de libertad, porque de alguna manera tú escogiste pasar por esa experiencia.

Existen varios tipos de entidades. La del tabaco, por ejemplo, tiene la forma de un viejo sucio que en lugar de cuerpo tiene unos pulmones hechos jirones. Toda la gente que fuma en el planeta crea y da fuerza a esta entidad; por esta razón es tan difícil deshacerse de este vicio. Es como si de una nube enorme salieran miles de lazos conectados a todas las personas que fuman, y todas ellas estuvieran alimentando a este ser gigantesco.

Cuando alguien padece un cáncer terminal, algo que he visto con mis propios ojos, es una serpiente muy grande, casi como una boa, la que trata de estrangular a la persona para apagarle la luz que tiene en el corazón. Con mi experiencia sé que a la persona le quedan muy pocos días de vida.

Éste es el caso de Vicky. Una noche estaba dormida y se despertó al sentir que alguien estaba encima de ella, violándola. Generalmente, esta entidad paraliza a la víctima mientras se alimenta de energía sexual. Este caso fue muy impresionante, pues la entidad regresó varias veces para agotar su energía. Me vino a ver desesperada, pues a su novio le estaba pasando lo mismo. Cuando hay mucha actividad y fantasías sexuales, se atrae a este tipo de entidades. Trabajamos cortando con la lujuria y, efectivamente, atraía a la entidad. Una vez eliminada esta energía de su campo energético, no le volvió a suceder.

He descubierto que ciertos «pecados capitales», como los llama la religión católica, son entidades.

En alguna ocasión, ayudé a cortar con la religión a una persona que yo veía completamente llena de cruces clavadas en el cuerpo y con un cinturón de castidad puesto. Durante siglos, nos han hecho creer que el sexo es sucio y pecaminoso, y no me sorprendió que esta persona se pusiera este cinturón astral para no caer en la tentación.

Las entidades son seres que están plasmados en nuestro cuerpo emocional como si fueran una calcomanía.

Cuando se corta con ellas, es necesario despegarlas o arrancarlas totalmente, lo cual muchas veces no es una tarea fácil, pues de ninguna manera van a querer abandonar a la víctima. Lo que aconsejo en estos casos es que pidamos ayuda a nuestro guía, al arcángel Miguel o a algún ser de luz en el cual confiemos para que nos ayude en este trabajo. Es curioso, porque una vez que se empieza a despegar, se va quedando sin vida y parece un muñeco de trapo inanimado.

Los cortes que se deben hacer para liberar a un individuo de una entidad (parásito) son muy fuertes y muchas veces se aconseja realizar dos o más, hasta que la entidad se haya eliminado completamente.

Es asombroso ver cómo con nuestros pensamientos y sentimientos vamos creando estos seres, que se alimentan, vida tras vida, con nuestra energía. No es de extrañar, entonces, que vivamos cansados, frustrados y apáticos. A todas las ataduras energéticas que podamos traer, hay que sumarle estos seres que viven literalmente de nuestra energía vital.

Es muy común llegar a algún lugar donde ha pasado una tragedia y, aun sin saberlo, sentir un gran peso u opresión. Cuando fui a Rusia después de la caída del comunismo, inmediatamente sentí una nube de tristeza y desesperanza; era casi palpable. En cuanto abandoné el país, sentí que me quitaban un enorme peso de encima. Es probable que toda esa energía de revoluciones, guerra y hambre se encuentre allí atrapada y, si somos un poco sensibles, la sentiremos. Muchas veces, depende de esto que un lugar nos agrade o no.

Sin embargo, también puede tratarse de energía positiva; un ejemplo puede ser un sitio de veneración. En México creemos en la Virgen de Guadalupe; todos los que creen en ella y le oran están mandando energía y la van fortaleciendo. Llega un momento en que esa energía es tan poderosa que puede llegar a hacer milagros. Lo mismo pasa cuando se reúnen muchas personas a meditar u orar en beneficio de algo o para cambiar alguna situación.

Ejemplos de entidades

En alguna ocasión, ayudé a una persona a cortar con las adicciones y, en el corte, aparecieron varias entidades, entre ellas el azúcar.

Fue muy gracioso, porque, cuando la entidad se dio cuenta de que la íbamos a sacar, empezó a llorar como si fuera un niño y a prometernos que se iba a portar bien. Costó mucho trabajo despegarla del cuerpo, pues no quería soltarse; curiosamente, de donde no se quería soltar era del páncreas, pues es la parte del cuerpo donde se regula el azúcar.

En otra ocasión, en Los Ángeles, una persona me pidió que le hiciera un corte. El hombre medía más de dos metros. Cuando estaba trabajando con él me di cuenta de que traía una entidad más grande que él. Costó mucho trabajo sacarla de su cuerpo, pero finalmente lo logramos. Cuando terminamos, el hombre me comentó que hace años sintió claramente cómo se le introdujo esta entidad. Él era adicto a la cocaína; es probable que esto la hubiera atraído. Al final, el hombre estaba completamente drenado y se quedó profundamente dormido.

A lo largo de los años, he ido haciendo una lista de las entidades más comunes que me encuentro en el ser humano. Cuando se hace el corte, nos es más fácil imaginar o visualizar la entidad con la que estamos trabajando si la relacionamos con la lista:

El miedo: se representa como una medusa blanca.
La ira: se representa como un dragón rojo.
El dolor: se representa como una sustancia gris oscura.

Respecto a estas tres entidades, que son la base, se recomienda que sean arrojadas por la boca para que el corte resulte más efectivo.

Las siguientes entidades hay que arrancarlas o desprenderlas del cuerpo, en el momento del corte:

El resentimiento: se representa como un ser de piedra de color café oscuro con colmillos.

La lujuria: se representa como una mujer voluptuosa y vulgar.

El azúcar: se representa como un ser lleno de caries.

El tabaco: se representa como un viejito gris con los pulmones deshechos.

El alcohol: se representa como un viejito muy sucio y la nariz roja.

La miseria: se representa como una mujer desaliñada, sucia y vestida con harapos.

El suicidio: se representa como un esqueleto.

El cáncer: se representa como una boa gigante estrangulando a la persona hasta que la asfixia.

Cuando corto algo relacionado con la obesidad, casi siempre me encuentro con capas y capas de gel transparente y viscoso; de alguna forma, la persona obesa se ha puesto capas para protegerse de los demás y, muchas veces, tiene bastante que ver con algún conflicto sexual no resuelto. Por ejemplo, la obesidad en sí no es una entidad: es simplemente mucho miedo.

Mucha gente confunde a los gnomos y a los duendes; creen que son entidades, y nada está más lejos de la realidad. A estos seres se les llama elementales porque representan a los cuatro elementos: fuego, aire, agua y tierra. Son seres de la naturaleza.

La mitología la escribieron personas que podían verlos. Nosotros estamos tan desconectados de la naturaleza y de nuestra esencia que percibimos muy poco o nada. Sin embargo, hay personas que, aunque no son videntes, pueden percibir este mundo.

Resulta interesante saber que cuando el tsunami asoló Asia ningún animal murió, y lo mismo ocurrió en una isla en Indonesia donde viven aborígenes. Están tan conectados con el planeta que la noche anterior se marcharon tierra adentro.

Capítulo 6

Desencarnados o muertos

Recuerdo una noche, cuando tenía cinco años, que mientras atravesaba el pasillo de mi casa me encontré con una fantasma vestida de novia que subía las escaleras. Grité tanto que toda la familia se despertó. Desde entonces, estos seres han tenido contacto conmigo. Al principio fue terrorífico, pero conforme pasó el tiempo, entendí que los podía ayudar, y ahora parte de mi trabajo nocturno es auxiliarlos para que se vayan al plano que les corresponde.

A veces, cuando morimos, en lugar de irnos al lugar que nos corresponde para seguir evolucionando, nos quedamos aquí atrapados vagando y buscando ayuda para, finalmente, poder ir a la luz y seguir nuestra evolución.

Los desencarnados son seres que fueron humanos y que ya no tienen cuerpo físico, es decir, están muertos. No viven como organismos biológicos, pueden pasar a través de la materia sólida y son invisibles para la mayoría de las personas en la dimensión física. Los desencarnados no saben que están muertos, por tanto, están muy confundidos. Este estado es el resultado de una muerte repentina, de la imposibilidad de aceptarla o de estar muy apegado al mundo físico.

El tiempo lineal sólo existe en esta dimensión; una vez que mueres, si te quedas atrapado, pierdes rápidamente la memoria y quedas muy desorientado. A este estado es a lo que la Iglesia católica, entre otras, denomina el purgatorio. Después de un tiempo, ya no saben quiénes son, ni por qué se quedaron, están totalmente perdidos; además, como el tiempo no existe, estos seres pueden pasarse literalmente «siglos» en ese estado.

Generalmente, los que se quedan aquí son gente que está muy apegada a sus cosas materiales, a su familia o por culpabilidad. Con esto no quiero decir que las cosas materiales sean malas; lo nefasto es apegarnos a ellas.

Una vez que estos seres mueren, si quedan atrapados cerca de esta dimensión, necesitan alimentarse de energía. Recordemos que el doble etérico es el cuerpo que nos proporciona la energía vital y, a la hora de morir, se desintegra rápidamente; por tanto, para sobrevivir, absorben energía de los seres vivos, esto es, se vuelven parásitos debido a que carecen de energía propia.

Así, todas las leyendas que hablan de que el muerto se les «subió», los «chupó», etcétera, son ciertas; hay gente que trae muertos pegados en su campo áurico porque están viviendo de ellos. Cuando esto sucede, generalmente esas personas no tienen ánimo para nada, duermen mucho y amanecen cansados.

Cuando un desencarnado está viviendo de alguien, si no se da cuenta y no hace nada al respecto, puede pasar años alimentándose de él, debido a las ataduras, pues es alguien que conoció o tiene alguna energía que lo atrae.

Al cortar con ella, se le ayuda a liberarse para que se vaya a la luz. Pasa mucho con matrimonios que han durado bastantes años y uno de los cónyuges muere.

Muchos de estos seres siguen atados a las adicciones que tuvieron en vida, como el sexo, las drogas y el alcohol.

Este tipo de desencarnados suele frecuentar áreas o lugares donde pueden absorber estas energías, como bares o prostíbulos, porque las frecuencias del alcohol y del tabaco los atraen, y allí encuentran a personas adictas; por tanto, van a ese lugar para alimentar las adicciones.

¿Qué pasa al morir?

Las personas, al morir, habitualmente se quedan cerca del cuerpo físico, lo que causa que parte de su energía se acumule en los cementerios donde sus cuerpos fueron enterrados. Cuando los entierros se llevan a cabo, el dolor y las intensas emociones de los participantes son el alimento de estos seres.

Me gustaría relatarles este caso, pues creo que es muy representativo. Conocí a una persona que se dedicaba a dar instrucción espiritual, tenía ciertas capacidades psíquicas y ayudaba a los desencarnados a ir a la luz. A nivel personal, le faltaba trabajar con varios aspectos, e, incluso, manejaba bajas pasiones; sin embargo, pensaba que por el hecho de ayudar a desencarnados, sus defectos se transmutarían.

Nada más lejos de la realidad. De repente, desarrolló un cáncer terminal, y tuvo una muerte muy desagradable, pero lo más terrible del caso es que se quedó aquí atrapada, desencarnada, y agrediendo a personas que la conocían, con las cuales no había resuelto lo que le correspondía.

Este caso es muy triste y lo he querido exponer para que nos demos cuenta de que, aun cuando ayudemos y enseñemos a otras personas, es nuestra obligación trabajar con nosotros mismos. No podemos dar lo que no tenemos, «como es adentro es afuera»; lo único que nos elevará a la luz o a frecuencias más altas es nuestro trabajo personal, transmutando los demonios interiores que nosotros hemos

creado. Con esto quiero exponer que no necesariamente porque seamos espirituales estamos libres de ataduras.
Tal es el caso de otra persona muy espiritual que realizó
algunos cursos para morir consciente. Fui a verla al hospi-
tal, pues la operaron, y la encontré muy bien, conversando.
De repente murió y vi cómo salió por la cabeza; cuando
llegaron todos los médicos con miles de aparatos, salimos
de la habitación; me temblaban las piernas, pues yo nunca
había visto morir a alguien; le mandamos luz. Sus parientes
estaban llorando. Al poco rato, salieron los médicos para
avisarnos de que todo estaba bajo control. Esta persona ni
siquiera se dio cuenta de que había muerto durante unos
momentos y no se acuerda absolutamente de nada. ¿Con
cuánta consciencia se muere? Tengo una amiga médica
que me comentó que la gran mayoría no nos damos cuenta
cuando morimos.

Sin embargo, otra persona que murió de cáncer sin ningún conocimiento espiritual estuvo preparándose para morir con la ayuda de su médico; al final, dijo que ya estaba
lista y murió. Cuando me hablaron para que fuera a bus-
carla, ya estaba en la luz.

Esto lo expongo para que veamos toda la gama de experiencias humanas y nos demos cuenta de que no podemos
juzgar al que se suicidó, al que meditó o al que realizó tal
curso. Cada experiencia es totalmente diferente, y todos
vivimos distintas realidades. Sin embargo, lo que me queda
clarísimo es que las cárceles nos las ponemos nosotros mismos al ir cargando emociones sin resolver.

Mucha gente tiene la creencia de que cuando sus parientes mueren se convierten en sus ángeles guardianes.
Aunque siempre están con nosotros, ellos tienen que seguir
evolucionando en donde estén. En pocas palabras, tienen
muchas cosas que hacer como para estar todo el día cui-
dándonos.

Una noche, mientras estaba en California escribiendo este libro, antes de dormir se me presentó un actor famoso desencarnado. Seguía en este plano muchos años después de morir y quería encontrar su camino a la luz. Lo que me llamó la atención es que era un hombre profundamente religioso. Muchas veces, debido a la religión, tenemos tan arraigados esos estigmas de que somos pecadores y que no nos merecemos el reino de Dios que al final nos lo creemos y éste es el resultado.

También es cierto que cuando morimos y vemos a nuestros seres queridos tan abatidos nos quedamos cerca para reconfortarlos; como no existe el tiempo, podemos permanecer atrapados por la preocupación y, finalmente, nos perdemos y no sabemos retomar nuestro camino. Como la mayoría no los pueden ver, lo que hacen es introducirse en los sueños para dar mensajes y decir que están bien o para pedir ayuda.

En otra ocasión me pidieron que visitara una casa donde se «aparecía» una mujer. Al llegar, descubrí que este desencarnado había pertenecido a la familia, que era la bisabuela de la persona que había contactado conmigo y que hacía veinticinco años que había muerto. No se podía ir porque su nieta tenía un lazo muy fuerte de culpabilidad. Resulta que, cuando la desencarnada estaba enferma, su nieta iba a diario a visitarla, pero el día en que falleció no pudo acudir y siempre se sintió muy culpable de no haber estado a la hora de su muerte. Hicimos un pequeño corte de lazos y este ser pudo seguir su camino hacia la luz.

Hay desencarnados que llevan siglos vagando por el plano astral o purgatorio.

Mientras hacía el camino de Santiago, en España, realizamos un trabajo en una catedral en la cual se encontraban las tumbas de unos reyes. Uno de ellos estaba sentado en su tumba y llevaba siglos sin saber que estaba muerto.

A veces, el hecho de que no se den cuenta de que están muertos se debe a que murieron de repente; sin embargo, también interviene el libre albedrío: si no se quieren ir a la luz, no van. En ocasiones me cuesta trabajo convencerlos de que están muertos. La gente piensa que sólo se quedan atrapados los malvados o los pecadores y esto no es cierto, ya que a cualquiera le puede pasar, simplemente basta el hecho de que no se den cuenta de que están muertos.

Me pidieron que fuera a revisar una casa y me encontré una puerta dimensional; curiosamente, el lugar estaba muy desarreglado y la persona tenía pesadillas. Una puerta dimensional se abre cuando ha tenido lugar un evento fuerte en ese sitio. Así, se rompe o rasga una especie de membrana que separa las dimensiones y normalmente se abre a una dimensión más baja. Por ahí es por donde se filtran seres y entidades bajas. A esta persona le pedí que trabajara sus emociones, pues, de lo contrario, la puerta se volvería a abrir.

En general, las personas sensibles pueden llegar a percibir a estos seres. Una forma de saber que están cerca es que la temperatura baja, es decir, hace mucho frío sin razón aparente; asimismo, cuando tenemos una sensación extraña, es un indicio de que hay un desencarnado cerca. Sin embargo, cuando se siente una energía cálida y huele a flores es que se está manifestando un ser de luz como un ángel, algún guía, etcétera.

Edificios históricos, casas viejas y hospitales son los lugares donde con mayor frecuencia se encuentran estos seres. Cuando pasan cosas raras como encenderse las luces o la radio o se cierran puertas, en realidad son desencarnados que están llamando la atención para que se les ayude y se les mande a la luz.

A mí me producen una inmensa ternura, pues son como niños que están perdidos; más que verlos con miedo, tengámosles compasión. Cuando se encuentren en una situación así, ayúdenlos explicándoles, aunque no los vean, que están muertos y que tienen que seguir su camino hacia la luz. Invoquen al arcángel Miguel y pídanle que se los lleve. No se imaginan el servicio tan grande que pueden hacer con esto; nosotros también el día de mañana podemos quedar atrapados.

Los seres humanos, al bajar a este plano o dimensión nunca traen consigo toda su energía. Éstos son ejemplos de cómo vamos dejando parte de nosotros en diferentes lugares. Al contrario de lo que la gente piensa, hay más desencarnados de lo que nos podríamos imaginar. Podría contar muchas historias que he presenciado en mi vida, pero el punto importante es darnos cuenta del papel que desempeñan las emociones durante y después de nuestra vida. Es imperativo que resolvamos bloqueos emocionales, tanto con nosotros mismos como con los demás.

Capítulo 7

El karma

Todos hemos oído hablar del karma, pero poca gente sabe que no es otra cosa que la ley de la causa y el efecto: «ojo por ojo y diente por diente». Con esto, me refiero a que todo, absolutamente todo lo que sembramos lo vamos a cosechar tarde o temprano en algún momento de la vida. Sembramos con nuestras actitudes, emociones y pensamientos.

Si te comportas con amor y comprensión, vas a cosechar felicidad, pero si lo que siembras son rencores, cosecharás soledad.

Es muy claro cómo trabaja el karma: todos tenemos «libre albedrío», lo cual es nuestro regalo divino y con él somos cocreadores junto con Dios; en pocas palabras, estamos creando nuestra realidad, «somos arquitectos de nuestro destino», como decían nuestras abuelas.

Antes de nacer, nosotros, como almas, escogemos cuál es la mejor manera de encarnar para seguir evolucionando, y repetimos las lecciones que hemos reprobado en vidas pasadas. Somos un resumen de todo lo que hemos experimentado en infinidad de vidas.

En algunas escuelas espirituales, siempre nos han dicho que, para saldar el karma, tenemos que pagar de la misma manera que lo creamos; por ejemplo, si le corté la cabeza a alguien, es muy probable que alguien me la corte a mí, y con esta experiencia queda saldado. La otra manera es haciendo obras positivas para contrarrestar lo negativo.

No contradigo ninguna de las dos, pero, según lo que he observado en mis trabajos y experiencias personales, no necesariamente es así. Cada caso es individual.

Volvamos al cuerpo emocional, que es la clave de todo este trabajo.

Todas las experiencias emocionales que hemos tenido desde nuestra primera encarnación están grabadas en este cuerpo, y recordemos que la energía es información. Esta información va a tener una frecuencia vibratoria y vamos a atraer a nuestras vidas las mismas frecuencias, como si fuéramos imanes; si no resolvemos las emociones atrapadas con conciencia, vamos a seguir atrayéndolas, formando más capas, como si fuéramos una cebolla.

Les voy a contar un caso que acabo de experimentar. Esther fue a consultarme, pues es la tercera vez que tratan de quitarle una herencia. La primera vez se la quitaron casi toda y sólo le dejaron una propiedad; la última herencia consta de varias propiedades y está en un juicio que lleva varios años sin resolverse. Aparte de este problema, me comentó que siempre que reúne una cantidad importante de dinero se la roban. Esto ha pasado varias veces; el último robo fue en el mismo banco. Tras analizar la situación, decidimos que cortara con el acto de robar, y cuál fue nuestra sorpresa al darnos cuenta de que en una vida en el oeste americano ella era mujer y pertenecía a una banda de asaltantes que robaban trenes: era la autora intelectual de todos los robos.

Al hacer este corte, liberó esa energía de «robo» que traía en su cuerpo emocional y no volvió a tener lugar ningún hurto. Pasaron los meses y siguió sin resolverse su juicio, lo cual nos hizo pensar que había algo más de trasfondo y decidimos cortar con el despojo, que en realidad es lo que le quieren hacer sus contrincantes. En el lapso de los catorce días de trabajo, salieron a relucir varias vidas. La primera, que es donde se creó el karma, tuvo lugar en el año 1400 en Inglaterra, durante la guerra de las Rosas; Esther era una persona importante y despojó a todo el pueblo de sus tierras. Pasaron trescientos años y se reencarnó en Francia como un conde; cuando llegó la Revolución Francesa, le quitaron todas sus propiedades y le cortaron la cabeza. Casi cien años después volvió a reencarnarse en Rusia, también como un noble con muchas tierras, y una vez más sobrevino la revolución, le quitaron todo y lo mataron. Su siguiente encarnación es como Esther, una persona común y corriente.

Al estudiar este caso, me pregunté: si en Francia le quitaron todas sus tierras y la mataron, ¿por qué tiene que pasar lo mismo en Rusia y ahora en su vida actual? Según la ley del karma, tal y como la hemos entendido, ya lo pagó con creces; entonces, ¿por qué le sigue pasando? Es aquí donde me doy cuenta de que, mientras esa energía no se libere con conciencia, la experiencia se volverá a repetir una y mil veces.

Hicimos el corte, transmutamos la energía y la retornamos al cuerpo como abundancia, por lo que es muy probable que el juicio se resuelva pronto con lo que le corresponda ganar a Esther por derecho de conciencia. Es importante señalar que la persona con la que tiene el juicio es una de las víctimas del despojo de Inglaterra.

Pago de karma

Hay que tener cuidado y no juzgar muy a la ligera el pago de karma. No dejaré de insistir en lo importante que es que limpiemos estos registros energéticos.

Mucha gente me pregunta cómo van a saber qué registros traen, si no tienen acceso a sus vidas pasadas; es muy sencillo, simplemente observemos todas las cosas desagradables que atraemos a nuestro mundo, como el ejemplo de Esther; son pistas muy importantes de lo que no hemos resuelto. Con un análisis muy honesto y profundo de nosotros mismos, podemos empezar nuestro trabajo de liberación.

La forma en que funciona el karma, según mi experiencia, es la siguiente: por ejemplo, un hombre que está sufriendo infidelidad actualmente lo más probable es que, en alguna vida pasada, él haya cometido actos de infidelidad, por tanto, lo que este individuo hizo sufrir lo tiene que vivir en carne propia para que no lo vuelva a repetir.

Otro caso que nos puede ilustrar el karma es un secuestro; por ejemplo, lo más probable es que el secuestrado haya sido secuestrador y sus padres hayan sido cómplices.

Cuando una persona es asesinada, por ley cósmica a ésta le da vida en otra encarnación precisamente aquel que se la quitó.

En las batallas y guerras que ha habido a lo largo de la historia, nos enganchamos con las almas que hemos matado y regresamos en otra encarnación como sus padres. También es importante sanar la relación de padres e hijos, porque se queda una sensación de dolor y resentimiento del que resultó muerto. Ésta es una de las razones principales por las que se pide que cortes con tus padres, ya sea por toda la información que traes en tu ADN o por estas situaciones kármicas que puedas traer.

Casos de karma

Alberto llegó a mis terapias con la inquietud de trabajar con su padre, quien murió cuando él apenas tenía unos meses, y, por tanto, no lo conoció. En el transcurso de los catorce días de trabajo, se le hizo una división en el pelo y, por más que se peinaba, volvía a aparecer. Cuando llegó el día del corte final, vi una escena en la época de las cruzadas en la que un hombre mataba a Alberto con un hachazo en la cabeza, justo en la raya que se le formaba. Este hombre se reencarnó en esta vida como su padre. Obviamente, en esa época, los dos eran soldados y no se conocían. Alberto se impresionó porque la muerte de su padre en esta vida se debió a una explosión en la cual un metal le partió la cabeza.

Aquí tenemos un caso muy claro de cómo funciona el karma. Esta persona tenía primero que darle vida a Alberto porque se la quitó en otra época y, a los pocos meses, debía morir de la misma manera en que lo había matado a él.

Otro caso interesante es Adriana. En esta vida la han violado tres veces, la última un doctor en su consultorio. Definitivamente, en otra existencia, ella fue un hombre que abusaba de niños.

En mi propio caso, en esta vida he tenido varios problemas en la sangre y mi hermano menor enfermó de leucemia. Al analizar mis vidas pasadas me doy cuenta de que también en ellas padecí de la sangre. El corte con enfermedades sanguíneas me reveló que es un karma familiar por todas las guerras en las que hemos participado. Derramé sangre, por tanto, ahora padezco en la mía.

Aparte del karma individual, tenemos un karma familiar, es decir, compartimos lecciones que no resolvimos con un grupo de personas que ahora pertenecen a nuestra familia terrestre.

También tenemos karma con lugares o países, por esto mismo nacemos en determinado lugar o nos cambiamos de país para aprender o resolver algo; esto tiene que ver con la conciencia colectiva, por resonancia o atracción. Nosotros como individuos pertenecemos a la conciencia colectiva del lugar donde residimos.

Muchas veces creemos que, por haber vivido algo muy traumático, ya sea una enfermedad, alguna desilusión, la muerte, etcétera, ya saldamos nuestro karma. Según mi experiencia, al vivir este tipo de eventos se puede liberar parte de esa energía, según la conciencia con la que se acepte y asimile. Pero, desafortunadamente, la mayoría de las personas se atan más. Pongamos el ejemplo de alguien que tuvo un accidente terrible, se quedó paralítico y sin poder hablar. Este individuo, según su grado de conciencia, va a entender o no lo que le pasó. En caso de que no lo entienda, se va a llenar de rencor y resentimiento. Con estos sentimientos está creando ataduras que lo van a hacer regresar una y otra vez a este plano hasta que las libere «con conciencia». Por otro lado, si esta persona asimiló, entendió y perdonó, es muy probable que haya liberado ese karma y nunca más lo tenga que volver a repetir. Este tipo de acontecimientos los portamos de otras vidas desafortunadamente, la educación y el poco conocimiento que tenemos acerca de todo esto no nos dejan llegar a estas conclusiones.

Después de estos ejemplos, nos damos cuenta de que somos una especie de biblioteca en la que se va guardando toda la información, particularmente en el cuerpo emocional.

Oportunidad para saldar

Esta información es el resumen de todos los efectos que hemos causado a otros. Tenemos toda la eternidad para resolverlos, pero, ¿por qué dejar para mañana lo que podemos hacer hoy?

Si miramos a nuestro alrededor, vemos que vivimos en una jungla, que la mayoría de nuestras vidas son un caos y que nuestras relaciones de pareja son insatisfactorias. Tenemos problemas económicos o de salud y nuestras cargas cada vez son más pesadas.

Muchas veces, las personas viven esperando un cambio de la persona con quien se unen o, en general, cambios del exterior.

Cuando cortamos los lazos, no debemos esperar que las personas a nuestro alrededor cambien, es decir, los cortes los hacemos para cambiar nuestros patrones y defectos. «Como es adentro es afuera», estamos creando nuestra realidad y no debemos involucrarnos con el libre albedrío de los demás.

En realidad, el karma no es bueno ni malo; simplemente es la oportunidad de saldar o reparar algo que nosotros mismos causamos. El universo es tan benevolente que continuamente atraemos hacia nosotros situaciones para aprender y crecer. Siempre que vivamos cosas desagradables, preguntémonos por qué las estamos viviendo y qué tenemos que sacar de ello. Dejemos ya nuestro papel de víctimas y tomemos la responsabilidad de ser cocreadores con Dios.

En pocas palabras, hacer cortes literalmente es cortar con el karma.

Capítulo 8

Lazos de amor

Hemos hablado de cómo nuestras bajas pasiones y emociones negativas crean lazos que siguen atrayendo la misma energía discordante hasta que se resuelve conscientemente.

Esto, hasta cierto punto, puede ser desalentador.

La mayoría de las relaciones humanas están unidas por un gran número de este tipo de ataduras; sin embargo, afortunadamente, también existen lazos positivos, lazos de amor que nos unen con personas y lugares. Ellos hacen que el tiempo de aprendizaje en este plano sea tolerable, pues son la contrapartida de luz en la oscuridad.

La mayoría de los libros espirituales nos hablan de la caída de conciencia del ser humano; no creo de ninguna manera que seamos ángeles caídos o pecadores, como dicen algunas doctrinas; la caída consistió en bajar nuestras frecuencias vibratorias hasta llegar a esta dimensión muy densa en donde podemos experimentar una amplia gama de cosas que, en una dimensión más alta, sería imposible. Según mi experiencia, lo que sucedió es que bajamos nuestra frecuencia vibratoria hasta llegar a la tercera dimensión para poder experimentar, aprender y crecer.

Al bajar fuimos bloqueando nuestra percepción y experimentamos la dualidad (malo, bueno, amor, odio). Este planeta es de libre albedrío, es decir, aquí se nos permite hacer
lo que queramos; en lugar de crear nuestros sueños, nos
enganchamos y, como traemos basura grabada en nuestro inconsciente, creamos cosas contrarias y distorsionadas.

Este planeta es el pivote del universo para experimentar
la dualidad.

Todos fuimos creados a imagen y semejanza de Dios, es
decir, de energía; somos parte del padre-madre Dios. Somos
chispas de luz, cada uno con una partícula de la vasta luz
que llamamos Dios. Esta partícula es una parte masculina y
otra femenina, es decir, *yin* y *yang*.

Según los metafísicos, se cree que Lemuria (ahora las is-
las Hawai) fue la cuna de la primera civilización que existió
en la Tierra; esto fue mucho tiempo antes de la Atlántida.
Cuando nos encarnamos aquí por primera vez, éramos seres andróginos, mitad hombre y mitad mujer, todos parte
de esa entidad llamada padre-madre Dios, hasta que tuvo
lugar el proceso de separación, que fue tan dolorosa a nivel
emocional que la grabamos a nivel celular. El dolor de se-
pararnos de nosotros mismos está en nuestra memoria; por
ello, en todas nuestras encarnaciones, inconscientemente,
buscamos a alguien, a nuestra «media naranja», pues queremos recuperar esa parte perdida.

En la mitología griega se habla del mito de los andróginos. Se cuenta que eran seres terribles por su vigor y fuerza
y que decidieron atentar contra los dioses.

Zeus, con la ayuda de Apolo, los castigó partiéndolos por
la mitad, y quedó el ombligo como evidencia de esta ope-
ración.

Zeus observó que la vida se hizo imposible para cada
parte por faltarle la otra; se apiadó de ellos y los dotó de
un órgano sexual en la parte delantera, que permitía el

apareamiento y la satisfacción del deseo y finalmente los repartió por todo el mundo para que no se pudieran volver a encontrar.

A consecuencia de ello, los humanos vamos perfeccionando el amor, que no es otra cosa que la búsqueda de nuestra unidad perdida.

Esta información también la tenemos de manera muy clara en la Biblia, cuando nos explican que sacaron a Eva de la costilla de Adán.

Estamos viviendo tiempos muy especiales y benditos, donde esta separación va a empezar el lento proceso de reintegración. Para entrar en este proceso, llamado también de ascensión, tenemos que retornar a nuestros cuatro cuerpos inferiores toda la energía que hemos despilfarrado al crear ataduras y de esta forma poder contactar con nuestra otra mitad.

Nos pasamos la vida invirtiendo energía en cosas banales, en emociones negativas que lo único que logran es agotarnos; muchas veces, creamos conflictos en nuestra mente y, cuando los comentamos, nos damos cuenta de que no eran reales; sin embargo, se produce un gran desgaste energético. También, cuando nos apegamos a cosas, lugares o personas, dejamos parte de nuestra energía.

A través del tiempo nos hemos asociado a un gran número de almas. Y nos encarnamos en grupos que son nuestra familia de almas, que no necesariamente es nuestra familia terrestre. Es aquí, con esta «familia», donde encontramos la existencia de los lazos de amor, los cuales contienen vibraciones muy altas y puras. Estos lazos son nuestro regalo y algo permanente que jamás se puede cortar o desechar.

En alguna ocasión escuché esto y me gustó mucho: «El amor es la energía que mantiene nuestras células pegadas; si no fuera por él estallaríamos».

A continuación analizaremos cuáles son los tipos de almas de las que está compuesta nuestra familia y cómo dicha familia interactúa con nosotros en esta escuela universal.

Complemento divino

Este tipo de alma es una persona que te muestra tus defectos y cualidades, los cuales están bajo la superficie. Esta persona te ayudará a que veas tu imagen exacta en el espejo.

Generalmente, refleja tus vibraciones negativas y es alguien que te puede irritar mucho. Aquí se aplica el dicho «Lo que no puedes ver... en tu casa lo has de tener». Sin embargo, también puede ser alguien positivo para que veas la belleza que hay dentro de ti.

La mayoría nos casamos con este tipo de almas. Cuando conocemos a nuestra pareja, juramos que es nuestra alma gemela y, tiempo después, nos damos cuenta de que nos está reflejando en nuestras narices lo que tenemos que trabajar.

Un complemento puede entrar y salir rápidamente de tu vida o quedarse durante años para completar lecciones para ambos. A medida que pasa el tiempo, la gente cambia con la edad, resuelve, se separa y sigue su camino. Recordemos que las relaciones aquí son preparación para movernos a niveles más altos del ser. No tomemos a este tipo de alma como castigo; al contrario, son regalos que te llegan para liberar.

Cuando se encuentren con una de estas almas, pregúntense qué les molesta de esta persona y córtenlo, ya que con esto subirán sus vibraciones y atraerán más espejos de sus virtudes, y recuerden no quedarse en la superficie.

Este tipo de alma puede ser desde tu pareja, un amigo, o hasta un desconocido que jamás volverás a ver.

Una amiga siempre atraía a su alrededor niños llorones y malcriados. Cuando le pregunté qué le estaban queriendo decir, ella me contestó: «La mala educación de los padres». Sin embargo, esto es muy superficial; lo que le estaban reflejando realmente es su intolerancia. En este caso, los niños son complementos divinos de esta persona para que resuelva su intolerancia. Otra persona padecía del hígado y decidió cortar con él cuando lo que debía cortar era el resentimiento o la ira.

Todo es un juego: «¿A cuánta profundidad del agujero quieres llegar?».

Almas compañeras

Con este tipo de almas, hacemos un contrato antes de encarnarnos para resolver situaciones kármicas. Con esto me refiero a que, antes de encarnarnos, escogemos a las personas más cercanas, como padres, hijos, hermanos y pareja, y tenemos que cumplir una agenda, es decir, venimos a trabajar cosas muy específicas. Esto no significa que no se puedan romper los contratos; con conciencia o intención podemos hacer lo que sea.

La mayoría de las veces, el karma más pesado que traemos es con almas compañeras que se reencarnan como parte de nuestra familia terrestre. A la gente le cuesta entender que, cuando tienen a alguien nefasto en su vida, antes de encarnarse, quedaron en que esa persona venía a hacerle la vida «de cuadritos» básicamente para aprender o saldar algo: nada es al azar. Y cuando regresemos al otro lado como almas, entonces jugaremos y comentaremos si desempeñamos bien nuestro papel de tiranos; es un juego, lo malo es que, al bajar a esta dimensión y perder conciencia, todo lo tomamos demasiado en serio.

Tu ciclo de vida puede tomar varios caminos y, en el momento adecuado, entrar un alma compañera para enseñarte de una manera fuerte algo sobre ti mismo. Éste es un encuentro especial que va a alterar mucho tu vida; puede ser un encuentro positivo o negativo, dependiendo de lo que vengas a resolver. Por ejemplo, tu pareja tiene un accidente, se queda paralítico y lo cuidas durante veinte años; no lo puedes abandonar, porque tienes un lazo emocional muy fuerte, y los dos vienen a aprender algo, tal vez paciencia o compasión. Un hijo con síndrome de down o parálisis cerebral sería también un buen ejemplo de este tipo de almas.

A veces, viajamos en varias vidas juntos, y desempeñamos una gran variedad de papeles.

Expresión divina

Se trata de una relación con una persona en particular, fugaz, que llega, provoca gran impresión en nuestras vidas y puede que nunca más la volvamos a ver. Si uno no se está moviendo en la dirección correcta, esta alma irrumpe para llevarnos a nuestra parte más profunda y reflexionar, pues ésa es su intención.

En esos momentos, muchos de nosotros estamos experimentando el contacto con una expresión divina para movernos hacia adelante. Es un regalo de nuestros guías para escuchar la verdad. Esta experiencia puede llegar a nuestra vida de forma violenta o amorosa, dependiendo de lo que necesitemos aprender.

En una ocasión, leí en un libro de Drunvalo Melchizedek acerca de cuando fue a ver a un gurú. Pasó todo el día en contemplación y, de repente, este gurú se puso de pie, se acercó a él, le dio una bofetada y le dijo que se retirara. Este detalle nunca se le olvidó y es muy probable que con ello haya aprendido algo.[8]

Otros ejemplos de expresiones divinas podrían ser cuando asistes a una conferencia y te impacta mucho lo que dice el conferenciante o cuando otra persona te confronta mucho como un sacerdote, un guía, etcétera; estas personas se presentan porque su misión es mostrarnos algo. En ocasiones, nosotros mismos hemos sido instrumentos de confrontación para otros sin darnos cuenta.

Compañera gemela

Esta alma es parte de un grupo de seres que están conectados al trabajo solar, galáctico y de la Tierra. Generalmente, no se unen a nosotros a través de una relación romántica, sino en una conexión o unidad de servidores.

Todos estamos conectados a, por lo menos, 144 compañeras gemelas. En el paradigma de la creación, el valor numérico de 144 está pensado para la perfección de la manifestación, porque trabaja en una frecuencia de energía muy alta.

En la Biblia, se menciona el número 144; incluso, algunos libros hablan de que existen 144 dimensiones; algunos maestros ascendidos dicen que se necesita que despierten 144.000 personas en el planeta para dar el salto cuántico, esto es, cambiar la conciencia.

Algunas compañeras gemelas están aquí en la Tierra y otras viven en planos diferentes haciendo su trabajo. Existimos juntos por muchas razones, para vivir múl-

8. Melchizedek, Drunvalo, *The ancient secret of the flower of life*, Light Technology Publishing, EE.UU., 1994.

tiples experiencias, y esta conexión va a continuar hasta que completemos nuestro ciclo de encarnaciones. Iremos avanzando, nos moveremos, trabajaremos en diferentes frecuencias de luz y juntos nos levantaremos energéticamente. El ejemplo clásico de estas almas son las personas que trabajan juntas para una causa de beneficencia social o planetaria, o, por ejemplo, el grupo que trabajamos en los cortes de México somos compañeras gemelas.

Alma gemela

Hemos oído muchas versiones de lo que significa este tipo de almas. Contrariamente a la opinión popular, un alma gemela no es el complemento perfecto o la otra mitad en el ámbito romántico. Sin embargo, estas almas tienen la frecuencia vibratoria muy parecida a la nuestra. Creo que a todos nos ha pasado que, al conocer a alguien, sentimos que lo conocemos desde siempre, ya sea alguna amistad, un hermano o un encuentro romántico; puede que sea una alma gemela si existe mucha compatibilidad.

Cada persona tiene doce almas gemelas, que son parte del grupo de sus 144 compañeras gemelas; sin embargo, estas doce están extremadamente cerca de tu misión en la Tierra a nivel energético. Hay quienes son afortunados por tener a alguno de estos seres cerca en la actual encarnación.

Cuando nos encontramos con un alma gemela, se siente como si se conociera de toda la vida o hubieran trabajado juntos siempre, y en realidad lo han hecho: llevan muchas encarnaciones juntos. Algunos de nosotros somos almas gemelas de nuestros guías que están en otra dimensión esperándonos. Pueden existir encuentros románticos entre este grupo de almas. La cantidad de almas femeninas y masculinas en cada grupo depende de las lecciones o experiencias que uno necesita lograr para alcanzar mayores frecuencias vibratorias. Este tipo de almas son un regalo, vienen a alegrarte y a hacerte más placentera la vida con su compañía, por tanto, no en todas las encarnaciones las encontramos.

Flama gemela

La relación con una flama gemela se estableció hace mucho y han sido flamas gemelas por eones, es decir, durante un período de tiempo muy largo.

Hay siete de dichas almas a las que estamos conectados y es uno de los lazos de amor más fuertes que se tienen con otro ser. Puede tratarse de personas de ambos sexos.

En cualquier grado de evolución en que uno se encuentre, tenemos la habilidad de reconectarnos con cualquiera de nuestras flamas gemelas, pues es el alma con la que hemos trabajado extremadamente cerca en varias de nuestras vidas. De más está decir que las relaciones entre estas almas son un gran recuerdo de amor. La conexión amorosa es para siempre, no está condicionada a una vida. Es un lazo muy especial que nos conecta por el *chakra* del corazón eternamente, ya que uno nunca olvida ese amor, el cual se mueve más allá de la sexualidad humana; es una devoción trabajar juntos a través de los ciclos.

Cuando te separaron de tu rayo gemelo, el cual es tu otra mitad, la primera relación que tuviste con otro ser fue con una de estas almas.

En ese período de relación con una flama gemela, aún no sabíamos nada de celos ni de posesiones, sólo creábamos y experimentábamos amor.

Puede haber recuerdos muy tristes de la partida de dos flamas gemelas que tenemos que limpiar antes de abrazar a nuestro rayo gemelo.

Es importante no juzgar a la ligera las relaciones homo-
sexuales porque quizás su unión se produjo por ser una de
estas almas.

Rayo gemelo

La gran alegría que se siente cuando uno encuentra a su
rayo gemelo, a pesar de que nos hemos preparado durante
mucho tiempo para este evento, es abrumadora aun para
muchos maestros ascendidos. Ésta es la misma chispa que
salió del Dios madre-padre; es realmente un regalo estar en
armonía con la otra mitad de nosotros mismos.

Del mismo modo en que estás unido con tu flama gemela por el corazón, con esta alma estás unido por todos tus
chakras, es decir, todas las entradas de energía que tenemos
a lo largo de la columna vertebral, que alimentan nuestros
órganos, glándulas y, a su vez, todos tus cuerpos.

Hay mucha incredulidad en relación a este evento.
Aquellos que rehúsan aceptarlo están retrasando su avan-
ce, pues muchas ascensiones están enlazadas a la reunifi-
cación con su rayo gemelo; se dice que esta unión es tan
fuerte que, cuando se hace el amor, se pueden iluminar e
inclusive ascender.

Esta alma es tu verdadero «consorte» y a ella se refieren
cuando dicen: «Lo que Dios ha unido, el hombre no lo
puede separar», pues nada ni nadie puede separarte de esta
alma donde quiera que esté. La misión de los dos es una y
la misma, y la responsabilidad está igualmente repartida
entre ambos, es decir, el trabajo personal está ayudando a
esta alma porque de alguna forma son uno.

Cada persona tiene una situación única; por tanto, la
reunión con su rayo gemelo puede ocurrir de diferentes
formas, ya que hay varias experiencias que tienen que

aprender ambas partes. Contactar con esta alma para poder fundirse requiere un esfuerzo consciente diario.

La mayoría de los rayos gemelos no están listos para unirse. Las situaciones son diferentes para cada individuo, y nunca nos van a dar algo que no podamos manejar. Por ejemplo, si uno de los dos está felizmente casado, te puedes comprometer a nivel energético mientras trabajas aquí, pero nada más, pues ningún rayo gemelo interrumpiría una relación armoniosa. Este ser sólo quiere lo mejor y está dispuesto a esperar durante el tiempo divino.

Hay muchos maestros ascendidos que se están preparando para unirse con su rayo gemelo. Esto solamente sucede en la séptima dimensión y, al hacerlo, se convierten nuevamente en andróginos para poder pasar a dimensiones más altas.

En la Biblia, tenemos relatada la separación de estas almas: tal es el caso de Adán y Eva al principio de los tiempos. ¿Acaso no sacaron a Eva de la costilla de Adán?

Ese recuerdo tan doloroso nos ha impulsado a buscar constantemente a nuestra media naranja.

Como escribió Platón: «En otro tiempo, la naturaleza humana era muy diferente de lo que es hoy; primero había tres clases de hombres, los dos sexos que hoy existen y un tercero, compuesto de estos dos, el cual ha desaparecido, conservándose sólo el nombre, andrógino. De aquí procede el amor que tenemos naturalmente los unos a los otros; él nos recuerda nuestra naturaleza primitiva y hace esfuerzos para reunir las dos mitades y para restablecernos en nuestra antigua perfección. Tratemos, pues, de merecer la benevolencia y el favor de este Dios, y nos proporcionará la otra mitad de nosotros mismos, felicidad que alcanzan muy pocos».[9]

---

9.   Platón, *El Banquete del amor*, Editorial Altamira, 2003.

Esta otra mitad, tu rayo gemelo, el cual es del sexo opuesto, es la extrema experiencia divina en ti, es quien realmente eres. En estos tiempos, las reuniones con este tipo de almas están sucediendo en una escala masiva; sin embargo, no necesariamente tiene que estar aquí, ya que puede estar en otras dimensiones. Puede ser un maestro ascendido y estar en comunión a otro nivel esperando a su rayo que está en la Tierra, pues éste tiene que hacer su propio trabajo para ascender.

Necesitamos realizar mucho trabajo interior para volver a contactar con nuestro rayo gemelo. Se necesita confianza, fe y una fuerte determinación para convertirse en uno otra vez.

El término «andrógino» se aplica al balance femenino y masculino de nosotros mismos y, eventualmente, al completo balance con nuestro rayo gemelo: uno es la extensión del otro y viceversa.

Experiencia

Según mi experiencia, en esta vida he descubierto que la mayoría de las personas están casadas o relacionadas con sus complementos divinos, es decir, con aquellas almas que les reflejan las partes que no han resuelto. Esto se debe a que la mayoría de los humanos cuentan con poco desarrollo interior y por resonancia es lo que atraen.

A veces, algunos encuentran a un alma gemela y son parejas compatibles y estables.

Pocas veces he encontrado parejas que sean flamas gemelas, y sería el clásico matrimonio perfecto, y solamente he encontrado una pareja de rayos gemelos, y desafortunadamente no están juntos, porque ambos están casados. Un ejemplo de este tipo de almas (rayos) es la historia verídica de Abelardo y Eloísa.

En la Francia medieval, entre los siglos XI y XII, vivieron Abelardo y Eloísa. Él era un filósofo muy conocido. A sus 37 años se enamoró de Eloísa, de 17 años, vivieron un amor muy trágico y debido a las circunstancias nunca pudieron estar juntos.

Las cenizas de ambos se encuentran enterradas en una tumba en el cementerio parisino de Pere Lachaise.

Finalmente permanecen juntos, y su tumba, siempre cubierta de flores, es un constante peregrinar de enamorados provenientes de todas partes del mundo.

Capítulo 9

La conciencia colectiva

En el capítulo sobre el karma, analizamos cómo vamos creando nuestro karma personal. En el que trata sobre los lazos de amor pudimos ver cómo hay ciertas almas con las que tenemos contratos para trabajar más a fondo. Por otro lado, tenemos el karma familiar, y si observamos las características de ciertos países y nos preguntamos por qué nacimos allí, nos daremos cuenta de que también tenemos un karma de país.

Los países están formados por la conciencia colectiva de sus habitantes. Muchas personas nacen en un país y, por circunstancias ajenas, tienen que emigrar a otro, y es en este último donde tienen que experimentar los retos y las experiencias que vienen a aprender.

Mientras realizaba mi trabajo de cortes en Centroamérica, en una ocasión, un grupo de once personas propusimos hacer un corte de país. Aquí me di cuenta de que los países que habitamos están igual que nosotros, completamente cubiertos de capas y ataduras. Los hechos que se manifiestan en un país dependen de los acontecimientos que hayan sucedido en ese territorio.

Emocionados con este descubrimiento, decidimos hacer un corte con la violencia en El Salvador, país que estuvo doce años en guerra civil.

El único requisito que les pedí fue que cada participante cortara con su violencia personal y, al final, nos reuniríamos para cortar con el país. Durante los catorce días de nuestro trabajo, empezaron a pasar cosas extrañas; de repente, se desató un viento muy exagerado; en otra ocasión, se fue la luz en casi en todo el país durante varias horas. Era evidente que algo se estaba moviendo a otros niveles y la naturaleza estaba inquieta. Llegó el día del corte y, a decir verdad, yo no estaba preparada para lo que se venía. Empezamos el corte, nos protegimos adecuadamente y me sorprendí al descubrir que sobre la catedral de San Salvador había un templo etérico (en otra dimensión). Se me explicó que allí habitaban los guardianes de este país y fue reconfortante, pues de alguna forma nos sentimos apoyados.

Esta experiencia me hizo recordar una ocasión en España; fuimos de visita a Zaragoza y, por supuesto, visitamos a la Virgen del Pilar. Fue la primera vez que vi un templo etérico encima de una catedral; allí se encuentran los guardianes de España.

Continuando con el corte de San Salvador, fuimos cortando capa tras capa de diferentes materiales y pude percibir que, en otros tiempos, en este territorio habitaron indígenas que hacían sacrificios humanos y eran muy violentos. Continuamos cortando y cuando, de repente, levantamos una capa, salió un dragón gigantesco con varias cabezas. Luchamos para matarlo, pero lo único que pudimos hacer fue cortarle algunas cabezas y dejarlo herido. Yo me sentía agotada. Nunca imaginé que este corte se transformaría en una experiencia tan fuerte. Decidimos cerrar el corte sin terminarlo para continuarlo en mi próximo viaje a El Salvador, que sería tres meses más tarde. Terrible error. Al poco tiempo, me comentaron que los delincuentes estaban cortando cabezas en las calles.

Es aquí cuando me di cuenta de la magnitud de lo que estábamos haciendo. Nos estábamos metiendo directamente con la conciencia colectiva del país y fue muy irresponsable por mi parte no terminar el corte. Aunque muchas veces la ingenuidad de principiantes nos hace cometer errores, me quedó clarísimo lo que podía causar al dejar el corte sin terminar, podía adquirir ese karma. Por supuesto que, en mi siguiente viaje, lo primero que hicimos fue matar a ese dragón y fue muy interesante porque, a los quince minutos de terminar el trabajo, se produjo un terremoto con el epicentro en la catedral de San Salvador sin ningún daño material. Tomamos esto como una comprobación.

El dragón se formó con toda la energía de violencia de cada habitante en ese país. Esta energía es la que le dio vida y todos los lazos individuales de violencia e ira de cada uno de ellos estaban conectados al dragón. Muchas veces, se forman entidades gigantescas en ciudades y países, y cuesta mucho trabajo deshacerlas.

Años después, El Salvador tuvo votaciones para elegir un nuevo presidente. Uno de los partidos estaba compuesto por ex guerrilleros, los cuales no ganaron. De alguna forma, estos trabajos sirvieron para poner nuestro granito de arena a nivel energético y cambiar las cosas.

Pasado un tiempo, retomé los cortes de país y, con un pequeño grupo, empezamos a trabajar en la ciudad de México, que es donde resido. Cabe mencionar que en esta ciudad vivimos más de veinte millones de personas. Uno de los primeros cortes que hicimos fue con la delincuencia, pues es un grave problema en este lugar. Fue un corte muy interesante, pues afloraron capas de diferentes texturas. Repentinamente, salió una araña gigantesca a nivel astral en una de las zonas más peligrosas de la ciudad. Esta araña había construido una telaraña que cubría toda la ciudad, lo cual a nivel simbólico nos indicaba la red de delincuencia.

Al final del corte, los maestros ascendidos nos indicaron que abriéramos una espiral de llama violeta en toda la ciudad, como si fuera un túnel, y por allí se marcharon todos los desencarnados o muertos ligados a la delincuencia. Después, dirigimos la espiral hacia el centro de la ciudad. Curiosamente, donde están las ruinas de los aztecas, donde se hacían los sacrificios humanos con los prisioneros de las guerras Floridas y había gran cantidad de desencarnados.

También fue extraño, mientras estábamos trabajando a nivel personal, que en la cárcel de mayor seguridad de la ciudad, los reos empezaran a rebelarse y, posteriormente, en las cárceles de todo el país. Era como si la conciencia colectiva de los delincuentes estuviera inquieta.

En otra ocasión, hicimos un corte con la miseria y entre varias capas salió una de ratas. Al buscar el simbolismo, averiguamos que significaba pensamientos rastreros.

Curiosamente, en la zona donde vive la gente rica, todos los edificios de lujo estaban cubiertos de hielo, como si estuvieran totalmente fríos e indiferentes a esta miseria. Encontramos otra capa de plástico transparente, como si toda la ciudad estuviera envasada al vacío, asfixiada por la miseria. A punto de concluir el corte, la ciudad quedó desierta y destruida, como si hubiera ocurrido una guerra.

El final fue muy bonito, pues nos pidieron que visualizáramos la ciudad llena de árboles, flores y mariposas y que la avenida principal nos la imagináramos como un río caudaloso. Cabe mencionar que tenemos graves problemas de agua. Lo interesante es que México tiene la forma de un cuerno de la abundancia y por derecho de conciencia nos pertenecería; sin embargo, la conciencia colectiva tiene la creencia de que somos muy pobres.

Otro corte interesante fue el de la impunidad. La primera capa que surgió se parecía a un puerco espín, como si la ciudad tratara de defenderse. Casi todos los edificios, sobre todo los gubernamentales, estaban completamente cubiertos de lodo. Nos pidieron que fuéramos a un área donde hace treinta años se produjo una matanza de estudiantes. Allí se derramó mucha sangre y, por supuesto, había muchos desencarnados. Después limpiamos y lo llenamos de luz blanca. Éste fue un caso clarísimo de impunidad en nuestra ciudad; después de este corte, dimitieron varios políticos y parece que a otros los quieren juzgar, especialmente al que estuvo relacionado con esta matanza.

Lo mismo sucedió en el corte con el caos. Imagínense la cantidad de coches y de tráfico que tenemos en esta ciudad. En cuanto empezamos, cerraron el periférico o la vía rápida que recorre la ciudad, que mucha gente usa para ir a trabajar. Está de más decirles el caos que se armó. Curiosamente, el día que cortamos lo volvieron a abrir. En cuanto a mí, en el transcurso de los catorce días, me dediqué obsesivamente a arreglar todos los armarios de mi casa.

Así continuamos hasta la fecha, con este trabajo de cortes con la ciudad de México, y sé que, poco a poco, veremos pruebas de nuestro esfuerzo. Cabe aclarar que nuestro grupo no tiene nada que ver con lo político; simplemente, queremos tener una mejor calidad de vida en nuestra ciudad.

Como es arriba es abajo

Los países están igual que nosotros; parecen cebollas con infinidad de capas que hay que ir quitando con tiempo y dedicación.

Me preguntan mucho por qué en la India, que es tan espiritual, hay tanta pobreza. Ignoro la razón de esta pobreza, pero sé que del mismo modo en que nosotros tenemos karma, también lo tienen los países o la conciencia colectiva. Estamos repitiendo las lecciones que no aprendimos y, generalmente, escogemos un país donde esto sea lo común.

¿Por qué El Salvador vivió más de una década de guerra y no Canadá? ¿Por qué el conjunto de personas que vive allí o la conciencia colectiva tenía que aprender o saldar algo? ¿Por qué Rusia vivió décadas de comunismo y no Estados Unidos? Todos vivimos diferentes realidades y venimos a aprender distintas lecciones, pero, cuando se trata de conciencia colectiva, compartimos el karma con un grupo de personas y, aun dentro de ese grupo, cada individuo lo verá con diferentes matices. Tal vez para uno no sea tan terrible como para el otro.

Acordémonos que el karma es como un bumerang, es decir, retorna. Lo similar atrae lo similar. Si un grupo de personas hizo mucho daño en el pasado o permitió que se hiciera, en algún momento, lo va a vivir en carne propia para experimentar lo que se siente. Él decide si lo quiere volver a repetir o no, pues para eso tenemos libre albedrío.

Si queremos vivir en un lugar mejor y deseamos que cambien nuestros países y ciudades, tenemos que empezar con nosotros mismos. Recuerden que, además de «como es abajo es arriba», «como es adentro es afuera», es decir, las guerras internas se manifiestan en el exterior.

Capítulo 10

Corte de ataduras

Todos tenemos la oportunidad de cortar las ataduras que nos impiden seguir avanzando en nuestro camino.

Cortar es liberar la energía estancada en nuestros cuerpos, por no haber sabido manejar nuestras emociones. La técnica que vamos a usar la desarrolló Phyllis Kristal, autora de varios libros, entre ellos *Cortando los lazos que nos atan.*[10]

Ella propone que apliquemos algunos símbolos para sacar la información de nuestro subconsciente, el cual es como nuestro disco duro donde está grabado todo lo que hemos vivido. Lo vamos a bombardear por medio de símbolos, ya que el subconsciente no entiende palabras. Con una sencilla meditación, iremos sacando a flote toda esta energía que han formado lazos y ataduras.

Se trabaja durante catorce días con estos símbolos. En caso de no practicar la meditación durante un día, en realidad no pasa nada, pero recomiendo que se trate de hacer

---

10. Krystal, Phyllis, *Cortando los lazos que nos atan*, Editorial Errepar, Argentina, 1990.

durante los catorce días, dos veces al día para que sea más contundente, pues es lo que tarda el subconsciente en asimilar esta información y, a nivel psíquico, es lo que tardan las capas astrales en salir a la superficie. A mucha gente le da miedo este trabajo; sin embargo, es importante saber que sólo se liberan los lazos o ataduras negativas; los lazos de amor jamás se pueden cortar aunque quisiéramos. He hecho experimentos para cortarlos y definitivamente no se puede: son frecuencias vibratorias muy altas.

Meditación del ocho

Durante catorce días, dos veces al día, se debe hacer esta meditación o visualización, que se realiza de la siguiente manera:

Trata de ponerte lo más cómodo posible y respirar profundamente para que puedas relajarte y entrar en el nivel alpha. Éste es un estado muy relajado, pero consciente, también llamado «estado de meditación».

Cierra los ojos e imagina o visualiza, en el suelo, un círculo dorado tan ancho como tus brazos extendidos; cuando lo tengas, te colocas dentro de él. Desde allí, imagina o visualiza otro círculo de las mismas dimensiones sobre el suelo frente a ti.

Cuando lo tengas fijo en tu mente, tráelo; si es una persona, di su nombre mentalmente y visualízalo en el círculo dorado frente a ti. Si estás cortando con alguna emoción, enfermedad, lugar o cosa, pon mentalmente un rótulo con el nombre en la plataforma opuesta.

Ahora, siente cómo vas acercando los círculos y, cuando se toquen ligeramente, imagina un muro de llama violeta transparente entre los dos.

Figura n.° 1

Enseguida, imagina cómo de tu lado derecho fluye una luz azul neón que rodea la plataforma haciendo la figura del ocho o del infinito, uniendo así las dos plataformas. Si puedes, mantén durante dos minutos esta visualización (figura del ocho), ya que sirve para separar toda la energía que has invertido en esa persona o cosa y que está retornando a ti *(véase* figura n.° 1).

Posteriormente, recorre tu cuerpo, pon atención a cualquier sensación o molestia y anota, día a día, lo que vayas sintiendo. Tu cuerpo te dirá dónde se encuentran las ataduras. Esta información te servirá para el día de tu corte. Durante estos catorce días, saldrán a la superficie todas las ataduras y las capas.

Si puedes, es preferible que medites en cuanto te despiertes y cuando te vayas a dormir. Esto se debe a que en dichas horas estamos en estado alpha natural.

Nunca te quedes con ninguna molestia física. Dale las gracias a tu cuerpo por avisarte de los lazos y saca esa molestia con luz blanca, desde tu cabeza hasta las plantas de los pies, y lánzala al centro de la Tierra. No te preocupes porque allí se transmutará.

Sé muy observador de todo lo que pase en esos días. Recuerda que estás moviendo energía, y el trabajo es muy duro.

Cuando los cortes son muy fuertes, lo que aconsejo es un corte intermedio: corta a la mitad de los catorce días, pero, por favor, termina los días que te falten, es decir, si cortaste a los siete días, termina tus siete días restantes y vuelve a cortar.

Si, por ejemplo, decides cortar con el miedo, de repente vas a empezar a ver miedo por todas partes: en el cine, en la televisión, te puede hablar alguien para hablarte de sus miedos, tú mismo puedes sentir más miedo de lo normal, etcétera. Pero no debes involucrarte, déjalo pasar, ya que es parte del trabajo que estás realizando.

Por ejemplo, en un corte con la ira, recuerda que estás haciendo un trabajo energético y que toda la energía de ira sale a flote. Somos imanes y estás viendo, en ti y en tu exterior, lo que representa la ira.

Analiza las partes del cuerpo que te indiquen alguna sensación y busca qué significa cada una, pues esto te habla de por qué te enganchaste en ese lugar (*véase* capítulo 2). Si tienes algún sueño que parece de otra vida, es tu subconsciente que te revela otra encarnación.

Si no puedes concentrarte o tu mente empieza a vagar, continúa con tus meditaciones, estás evadiéndote.

Generalmente, cuando empezamos un corte, el subconsciente nos trata de boicotear, o nos quedamos dormidos, o se nos olvida, o nos da miedo, etcétera. Es como si esa energía nos dijera: «¿Por qué me quieres sacar de aquí? Llevamos tanto tiempo juntos y yo estoy muy feliz unido a ti».

¡Felicidades! Has comenzado esta maravillosa aventura de liberación y conocimiento de ti mismo.

Explicación de los símbolos

El círculo dorado representa nuestro espacio vital; cuando te encuentres ahí te vas a sentir totalmente protegido.

Me ha tocado trabajar con gente que ha sido violada, agredida o golpeada. Cuando esta persona pone al agresor enfrente durante los catorce días, le puede dar miedo de que ésta invada su espacio. Sin embargo, el subconsciente va a entender que nada ni nadie puede entrar ahí; se sentirá protegido. En cuanto al color, el dorado es un color de sanación.

La llama violeta sirve para transmutar o reciclar energía y, al final, cuando cortemos, ahí se quemará toda la «basura» que nos quitemos. También sirve para protegerse de la persona o emoción con la que se está cortando.

Y, finalmente, la figura del ocho o infinito evita invadir el espacio de otra persona y permite que toda la energía o carga emocional que se ha depositado en algo o alguien retorne a ti. Para no volver a engancharse después de un corte, se recomienda hacer el ocho mentalmente cuando sea necesario.

Corte final de lazos kármicos

Al terminar los catorce días de la meditación del ocho, se inicia la meditación final de la siguiente manera:

Relájate, entra en estado alpha respirando profundamente y visualiza, en el suelo, un círculo dorado tan ancho como tus brazos extendidos. Cuando lo tengas, sitúate en él y, desde allí, imagina o visualiza otro círculo de las mismas dimensiones enfrente del tuyo.

Figura n.º 2

Cuando lo tengas fijo en tu mente, trae a la persona o rótulo con el cual estás cortando. Ahora siente cómo los dos círculos se van acercando y, cuando se toquen ligeramente, cómo aparece una llama violeta transparente entre los dos; empieza a hacer la figura del ocho o del infinito de la misma manera que lo has venido haciendo. De nuevo, trata de mantener el ocho durante un par de minutos para separar las energías (*véase* figura n.º 2).

Después de estos catorce días de preparación, el cuerpo te debió indicar dónde se encuentran las ataduras (por ejemplo, en la espalda, la garganta, etcétera), que empezarás a cortar una por una. Si necesitas ayuda, invita a un ser de luz (tu ángel guardián, guía, protector, etcétera); de lo contrario, hazlo tú mismo y pide a tu ser superior que te indique el instrumento o los instrumentos (tijeras, espada, cuchillos) con los que cortarás estas capas, lazos, etc., (*véase* figura n.º 3).

Figura n.° 3

Recorre todo tu cuerpo y ve tirando dentro de tu círculo dorado los lazos o ataduras que vayas cortando. Mientras lo vas haciendo, automáticamente, se va cortando del lado de la otra persona, emoción o cosa con la que estés trabajando.

Cuando sientas que ya has cortado absolutamente todo, recuerda que la intención es muy importante; limpia bien tu plataforma, y tira, en la llama violeta, todo lo que cortaste. Si necesitas algún instrumento o herramienta (como una pala, escoba, etcétera), úsala, hasta que tu plataforma quede perfectamente limpia; lanza también la herramienta al fuego (*véase* figura n.° 4).

Lo que estás haciendo es reciclar o transmutar toda tu energía mal calificada.

Cuando termines, despídete de la persona dándole las gracias por las lecciones aprendidas e imagina cómo se retira de su plataforma. Si es el caso, tira al fuego el letrero y observa hasta que se acabe de quemar.

Por medio de una espiral violeta, que sube y baja por todo tu cuerpo, recupera esta energía reciclada y califícala con lo contrario, por ejemplo, miedo con valor o confianza y, si es una persona, recupera la energía con lo que carezca la relación, por ejemplo, odio por amor o resentimiento por perdón. Esto hace que tus moléculas se impregnen con la cualidad que escogiste (*véase* figura n.º 5).

Cuando finalices, da las gracias a los seres de luz que te acompañaron, si lo crees necesario, y respira muy profundamente para que vayas regresando a tu cuerpo.

Cuando estés listo, abre los ojos.

De ser posible, no comentes la experiencia para que el subconsciente pueda asimilarla. Se mueven muchas cosas, y por tanto es una experiencia fuerte.

Es muy probable que después de un corte te sientas cansado, dolorido o incluso un poco bajo de energía, así que descansa todo lo que puedas. Se movió mucha energía, de modo que hay que dejar pasar uno o dos días para que se estabilice.

Si no estás muy cansado al día siguiente, puedes empezar un nuevo corte. Escuchemos a nuestro cuerpo, ya que es muy sabio.

He observado que a los pocos días del corte se puede producir lo que llamo «una comprobación», es decir, una pequeña prueba de lo que cortaste para comprobar que efectivamente has liberado tus ataduras. Por ejemplo, si cortaste con el miedo, se te presentará algo que te cause miedo. Sólo te pido que seas consciente de que es tu prueba final y no te vuelvas a enganchar. Actúa como observador y, si te es muy difícil, haz la figura del ocho durante unos segundos.

Usa la figura del 8 cada vez que sientas que te vas a enganchar a nivel emocional con algo o alguien, pues es absolutamente mágico.

Figura n.° 4

Figura n.° 5

Después de veinticinco cortes, es decir, de un año de trabajo, puedes hacer cortes de siete días, aunque siempre habrá cortes de catorce, dependiendo de la intensidad de la emoción. Esto se debe a que en ese año creamos un moméntum, es decir, la energía se maneja por inercia y tu intención ya está tan dirigida a liberarte que es más fácil hacerlo.

El subconsciente está más preparado para liberar y responde más rápido, se vuelve más dócil; reducimos el tiempo porque cada vez es más fácil resolver; el cuerpo emocional cada vez tiene más luz, le vas quitando capas y todo va fluyendo mejor.

Como no todos tenemos la capacidad de ver los lazos, te pido que, conforme pasen los catorce días de trabajo, vayas apuntando todo lo que sientas en tu cuerpo físico. Por ejemplo: punzadas en el brazo, comezón en la rodilla, dolor en alguna parte, etcétera. Eso te indica dónde están las ataduras.

También puede suceder que durante la meditación del ocho no sientas nada en el cuerpo, puesto que cada ser humano es individual y diferente. Tal vez en tus primeros cortes no percibas nada. No te preocupes; esto no quiere decir que no esté funcionando. Continúa trabajando y el día del corte confía sólo en que todo se cortará; pídelo y, para estar más seguro, solicita que al final un rayo láser destruya todo lo que no hayas percibido.

Adiós a las enfermedades

Puedes cortar con todo lo que quieras, por ejemplo, con las enfermedades. Lo único que hay que hacer es poner en la plataforma de enfrente el nombre de la enfermedad.

Al hacer un corte, hay que ser muy específico, pues estamos trabajando con energía. Para que se corte lo que deseamos, no tenemos que usar generalizaciones como, por

ejemplo, «cortar con todas las enfermedades...». No, esto no
es válido, pues «no» padecemos todas las enfermedades.
Hace años me diagnosticaron fibromialgia, una enfermedad reumática muy dolorosa que no tiene cura. Hice
dos cortes de catorce días y, en mi cuerpo físico, ya no
existe esta enfermedad. Al hacerlo, me di cuenta de que
había acumulado mucha cólera, que se había ido almacenando en mi memoria muscular. Ahora debo tener mucho cuidado con mis enojos, pues de lo contrario se me
manifiesta inmediatamente como bursitis. Por supuesto,
mi siguiente corte fue con la ira, que era la causa de mi
enfermedad.

Con respecto al corte, fue necesario hacerlo dos veces.
Frecuentemente tenemos tantas capas acumuladas que con
un corte no es suficiente, así que podemos cortar las veces
que sea necesario hasta liberarlo completamente de nuestro cuerpo emocional.

En general, si no eliminamos la causa, la enfermedad se
volverá a manifestar.

Es importantísimo en qué parte del cuerpo están los lazos. Esto nos indicara qué sentimientos nos ataron a esa
persona, lugar o situación. Cada parte del cuerpo significa
algo. Por ejemplo, los hombros significan dependencia, así
como lo que cargamos; las rodillas, flexibilidad, orgullo y
ego; la boca, comunicación etcétera.

Cómo cortar con personas

Para no generar los lazos nuevamente con alguien con
quien cortamos, se recomienda que, cuando sientas que te
vas a enganchar, hagas mentalmente la figura del ocho con
esa persona, ya que con esto le devuelves su energía y tú te
quedas con la tuya.

La forma en que nos damos cuenta de que un corte no fue suficiente es que, al ver a la persona o la situación, todavía sentimos una carga emocional negativa; esto es lo que nos va a dar la pauta para hacer otro corte. Lo podemos hacer las veces que sea necesario, hasta liberarnos completamente.

Hay lazos familiares que es muy sano cortar. Según mi experiencia, porque lo viví con mi familia, lo más recomendable es cortar con cada uno de los miembros. Esto se debe a que, generalmente, traemos a cada persona de diferentes vidas, aunque tal vez en una estuvieron todos reunidos; por eso es karma familiar, pero con cada uno tenemos un trato diferente, una historia distinta. Tal vez con unos tengamos más lazos que con otros, así que no recomiendo cortes colectivos, pues nunca tienen el mismo resultado. Cada persona necesita su período de catorce días.

A veces, en los cortes familiares sentimos temor o incomodidad porque nos cuesta soltar un apego y tenemos miedo a lo desconocido, a que tal vez nos dejen de querer. En varios casos, con parejas, después del corte se termina el matrimonio. Esto me indica que lo que los unía era karma. Cuando hay lazos de amor, son imposibles de cortar, pues son eternos.

Al cortar con alguien que ya murió se está liberado a esa persona aunque esté en otro plano. Y si en alguna vida se vuelve a encontrar, va a ser con libertad y sin esa carga negativa.

A los niños se les puede enseñar a cortar, a excepción de sus padres. Los niños necesitan los lazos con sus progenitores hasta que cumplen catorce años, porque hasta esa edad se están formando sus cuerpos energéticos. Aparte de eso, pueden cortar con otros temas que ellos escojan.

Por ejemplo, es posible cortar con el dinero; conforme lo vas haciendo, te vas dando cuenta de diferentes cosas que tienes que ir trabajando en relación a él. Si existen problemas con el dinero, es muy probable que tengas que cortar después con la carestía o con la soberbia, dependiendo de cómo sea tu relación con él, pues es energía; es el producto de nuestra conciencia. Hay que analizar qué tipo de conciencia tenemos. En los cortes, van a ir saliendo todos estos registros que hemos ido grabando en nuestro cuerpo emocional. Muchas veces, me he encontrado gente que, en otras vidas, hicieron votos de pobreza, pues eran religiosos; una promesa o un juramento son para la eternidad; en esta vida ya no son necesarios, por tanto, hay que cortar con ellos.

Cuando trabajo por primera vez con alguien, su energía es muy densa; es como si tratara de meterme en una pared de cemento y acabo muy cansada; sin embargo, cuando es alguien que ya tiene trabajo personal, es muy fácil, pues su energía es más ligera, liviana.

Depende de cómo haya sido el corte y con qué hayas cortado, generalmente, la gente se siente muy liberada y feliz, aunque es distinto en cada persona, pues todos somos seres individuales.

Recuerda, después de los catorce días, hacer el corte final, pues si un corte se deja abierto, se mueve mucha energía y, como somos imanes, atraemos esas experiencias a nuestro vivir diario. Una persona estaba cortando con el sobrepeso, pues siempre tuvo problemas con él, y se le olvidó hacer el corte final. El resultado fue que empezó a aumentar de peso nuevamente.

El gran beneficio de los cortes es viajar más ligero por la vida. Cada vez te vas a enganchar menos al aspecto negativo con la gente. Hay personas que incluso cambian físicamente, parecen más jóvenes, luminosas, y su vida se vuelve tranquila, menos complicada. Viven «el aquí y el ahora» en armonía con su entorno.

Capítulo 11

Cortes recomendados

Abandono	Avaricia
Abuso	Azúcar
Abuso de poder	Bancarrota
Adicciones (ser específico)	Bochorno
Agresión	Brujería
Alcoholismo	Calumnia
Amargura	Cáncer
Ambivalencia	Celos
Angustia	Chisme
Ansiedad	Cinismo
Añoranza o nostalgia	Clasismo
Apatía	Claustrofobia
Aprensión	Cleptomanía
Arrogancia	Cobardía
Asalto	Codependencia
Asco	Codicia
Autocrítica	Comunicación
Autoridad	Comunismo

Conflicto	Dogma
Confusión	Dolor
Control	Drama
Corrupción	Duda
Crimen	Duelo
Crítica	Ego
Culpabilidad	Egoísmo
Debilidad	Enfermedades físicas (específicas)
Degradación	Engaño
Dependencia	Envidia
Depresión	Falta de ambición
Derrota	Falta de entusiasmo
Desconfianza	Falta de memoria
Desesperación	Familia (relación en conflicto)
Deshonra	Fanatismo
Desilusión	Fobias
Deslealtad	Frío
Desorden	Frustración
Despojo	Fuego
Deuda	Guerra
Devastación	Gula o gordura
Dinero	Hipocondría
Dispersión	Hipocresía
Divorcio	Homosexualidad

Hostilidad	Madre
Humillación	Mal humor
Idealismo	Maldad
Impaciencia	Malicia
Impotencia	Manipulación
Impulsividad	Materialismo
Impunidad	Melancolía
Indecisión	Melindre
Indiferencia	Menosprecio
Indignación	Mentira
Inestabilidad	Miedo
Infidelidad	Miedo a la enfermedad
Injusticia	Miedo al futuro
Inseguridad	Miedo a la muerte
Intimidación	Miedo a la oscuridad
Intolerancia	Miseria
Intriga	Negatividad
Ira	Nerviosismo
Ironía	Neurosis
Irresponsabilidad	No merecer
Irritabilidad	Obesidad
Juegos de azar	Obsesión
Locura	Obstinación
Lujuria	Odio

Padre

Países

Pánico

Paranoia

Pensamientos suicidas

Pereza

Perfeccionismo

Pesimismo

Pobreza o carestía

Polémica

Política

Posesión

Postergación

Preocupación

Prostitución

Rebeldía

Rechazo

Religión

Resentimiento

Rigidez

Robo

Secuestro

Sensibilidad

Sexualidad

Soberbia/orgullo

Soledad

Sufrimiento

Suicidio

Sumisión

Superficialidad

Supersticiones

Tabaco

Terquedad

Timidez

Torpeza

Traición

Tristeza contigo mismo

Vanidad

Venganza

Vergüenza

Victimizacion

Violación sexual

Violencia

Voluble

Votos de matrimonio

Votos religiosos (castidad, pobreza, silencio, obediencia)

Vulgaridad

Vulnerabilidad

CONCLUSIÓN

Desafortunadamente, un gran número de personas toman la vida espiritual de manera muy superficial o con curiosidad para saber algo de sus encarnaciones pasadas, no como un anhelo sincero de cambiar o mejorar sus vidas y dejan pasar la oportunidad de aprovechar las herramientas tan útiles que se están entregando a la humanidad.

Existe una mala interpretación en cuanto a emociones se refiere. Mucha gente piensa que, porque estamos en contacto con nuestras emociones o tomamos conciencia de ellas, por arte de magia se liberan y nada está más lejos de la realidad. Me atrevo a hacer esta aseveración por la visión que tengo del cuerpo emocional. He puesto en práctica varias técnicas para ver los resultados, y he llegado a la conclusión de que el subconsciente necesita tiempo para asimilar y liberar. Ésta es la razón principal por lo que me gusta esta técnica de cortar ataduras.

También he observado que, cuanto mayor es la cantidad de cortes, más contundente es la liberación, esto es, cuanta más energía dirijas a algo, más lo fortaleces.

Quisiera mencionar algo que me ha dicho uno de mis guías desde que tengo uso de razón. Siempre me recordaba que, si lograba «saldar» o reciclar el 51 por 100 de mi karma, podría acceder a otra dimensión o ascender.

Yo lo entendía a medias y se me hacía un camino muy largo por recorrer. Ahora que está de moda la física cuántica lo entiendo perfectamente.

«Cuando un electrón está aumentando su vibración, en el momento de alcanzar su masa crítica, el electrón completo es llevado hacia una frecuencia más alta y nada puede detenerlo. La masa crítica es 51 por 100. Es decir, cuando el 51 por 100 de un electrón está vibrando a una frecuencia más alta, los restantes 49 por 100 son instantáneamente absorbidos hacia la nueva vibración».[11]

En su libro *Lifetide*, Lyall Watson relata el sorprendente suceso que pudo observar en una colonia de monos en una isla cercana a Japón, hecho que se le llamó el fenómeno de los cien monos. «Es posible –dice Watson– que, si un número lo suficientemente grande entre nosotros cree que algo es cierto, esto se torne en verdad para todo el mundo.»[12]

Por tanto, los reto a que empiecen a liberar sus demonios interiores.

Recuerden que, si alcanzamos la masa crítica, el planeta cambiará a una nueva conciencia. Necesitamos unos cuantos para lograrlo. Nunca hemos estado tan cerca…

11. Masa crítica: término que se usa para indicar algo que se encuentra en cantidad suficiente para una reacción en cadena o salto evolutivo.
Masa crítica: Cota Robles, Patricia Diane. http://www.1spirit.com/eraofpeace/transpafeb06.htm

12. Watson, Lyall, *Lifetide: A biology of the Unconscious*, Nueva York, Bantam, 1980. http://www.espinoso.org/biblioteca/camposmorfogeneticos.htm

BIBLIOGRAFÍA

Kurtz, Ron, *The Body Reveals*, Editorial HarperCollins, EE.UU., 1984.

Dychtwald, Ken, *Body-Mind*, Editorial Tarcher, EE.UU., 1986.

Ornstein, Robert, *The Mind Field*, Editorial Malor Books, EE.UU., 1996.

Gendlin, Eugene, *Focusing*, Editorial Bantam, EE.UU., 1982.

ÍNDICE